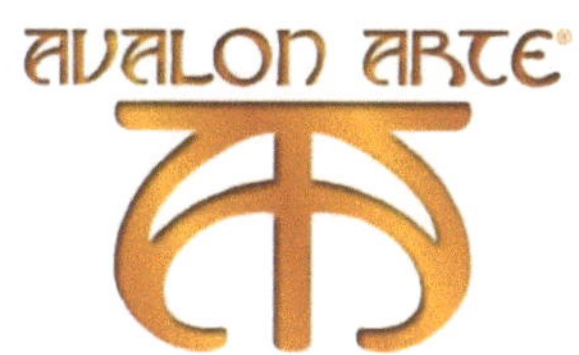

LUCI in AVALON

QUINTA EDIZIONE

EXPO D'ARTE CONTEMPORANEA

Presentazione a cura dell'editore
Dino Marasà

Direttore artistico
Dina Scalera

9 – 16 dicembre 2017

TEMPIO DI POMONA - SALERNO

Patrocinio

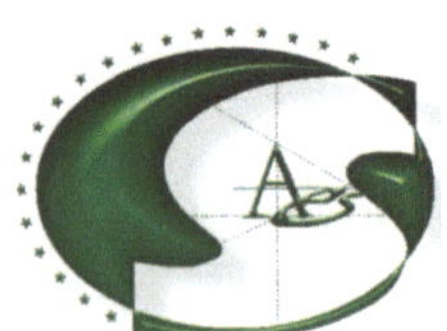

Ordine
degli Architetti
Pianificatori
Paesaggisti
e Conservatori
della Provincia
di Salerno

Direttore artistico
Dina Scalera

Allestitore
Giovanni Memoli

Aiuto allestitore
Mario Cestaro

Servizio fotografico
Paola Siano

Responsabile comunicazione
Magrina Di Mauro

Aiuto direttore artistico
Stefania Siano

Organizzazione
Associazione Culturale Avalon Arte

Grafica e stampa
Studio Byblos - Palermo

Una collettiva d'arte è un momento per gli artisti di incontro e scambio di idee e permette ai visitatori di conoscere varie sfaccettature dell'arte, offrendo un'esperienza emozionante all'insegna della cultura.

La quinta edizione dell'Expo d'Arte Contemporanea LUCI IN AVALON gode del patrocinio morale dell'Ordine degli Architetti Pianificatori, Paesaggisti e Conservatori della Provincia di Salerno.

Ringrazio per la preziosa collaborazione:

l'editore **Dino Marasà** di Studio Byblos di Palermo,

la critica d'arte **Antonella Nigro**,

il direttore tecnico ed allestitore **Giovanni Memoli**,

l'aiuto allestitore **Mario Cestaro**,

la fotografa **Paola Siano**,

la responsabile alla comunicazione **Magrina Di Mauro**,

la collaboratrice nella direzione artistica **Stefania Siano**,

TUTTI GLI ARTISTI,

Il prof. **Massimiliano Scardacchi** referente alternanza scuola/lavoro,

la tutor interna prof.ssa **Patrizia Foglia** del Liceo Statale "Alfano I" di Salerno,

la prof.ssa **Maria Letizia Puglisi** referente alternanza scuola/lavoro,

il tutor interno prof. **Rosario Barra** del liceo Classico "Marco Galdi" di Cava de' Tirreni.

Tutti **gli studenti** dei suddetti istituti scolastici che hanno scelto di lavorare nel meraviglioso mondo dell'Arte.

Ringrazio ancora

CANTINE DANIELE di Capaccio Paestum

FLORAESPOSITO srl di Salerno

Buona Arte con Avalon Arte

Dina Scalera
Presidente dell'Associazione Culturale Avalon Arte

Con immenso piacere e onore Studio Byblos stampa il catalogo della V Edizione dell'evento "LUCI IN AVALON" dove artisti di talento, tutti dotati della vera fiamma dell'arte, espongono le loro opere. Scorrendole, è piacevole perdersi tra le loro forme e colori, sapientemente miscelati per l'ottenimento dell'opera d'ingegno artistico.

Dunque un catalogo ricco di contenuti e di tecniche. Non poteva essere altrimenti, poiché i partecipanti sono stati scelti da chi mette la passione e la professionalità nel suo lavoro con indiscusso zelo, la presidentessa dell'associazione Avalon Arte, Dina Scalera. Con lei si è certi di non rimanere mai delusi; perché Dina ci offre l'arte a portata di mano, l'arte quella vera che non si incontra tutti i giorni. Ed è un compito difficile ma non impossibile.

Per svolgerlo ci vuole onestà intellettuale, capacità di dedizione notevoli, intuito, saper organizzare e tanta, tanta pazienza.

Auguri dunque agli artisti in mostra e complimenti a Dina per l'aver saputo radunare tanti talenti in una splendida location in un periodo particolare dell'anno, carico di significato simbolico, poiché é prossimo all'inizio della rivincita della luce nei confronti del buio della notte.

Dino Marasà, editore

Marinella ALBORA

magia93@libero.it

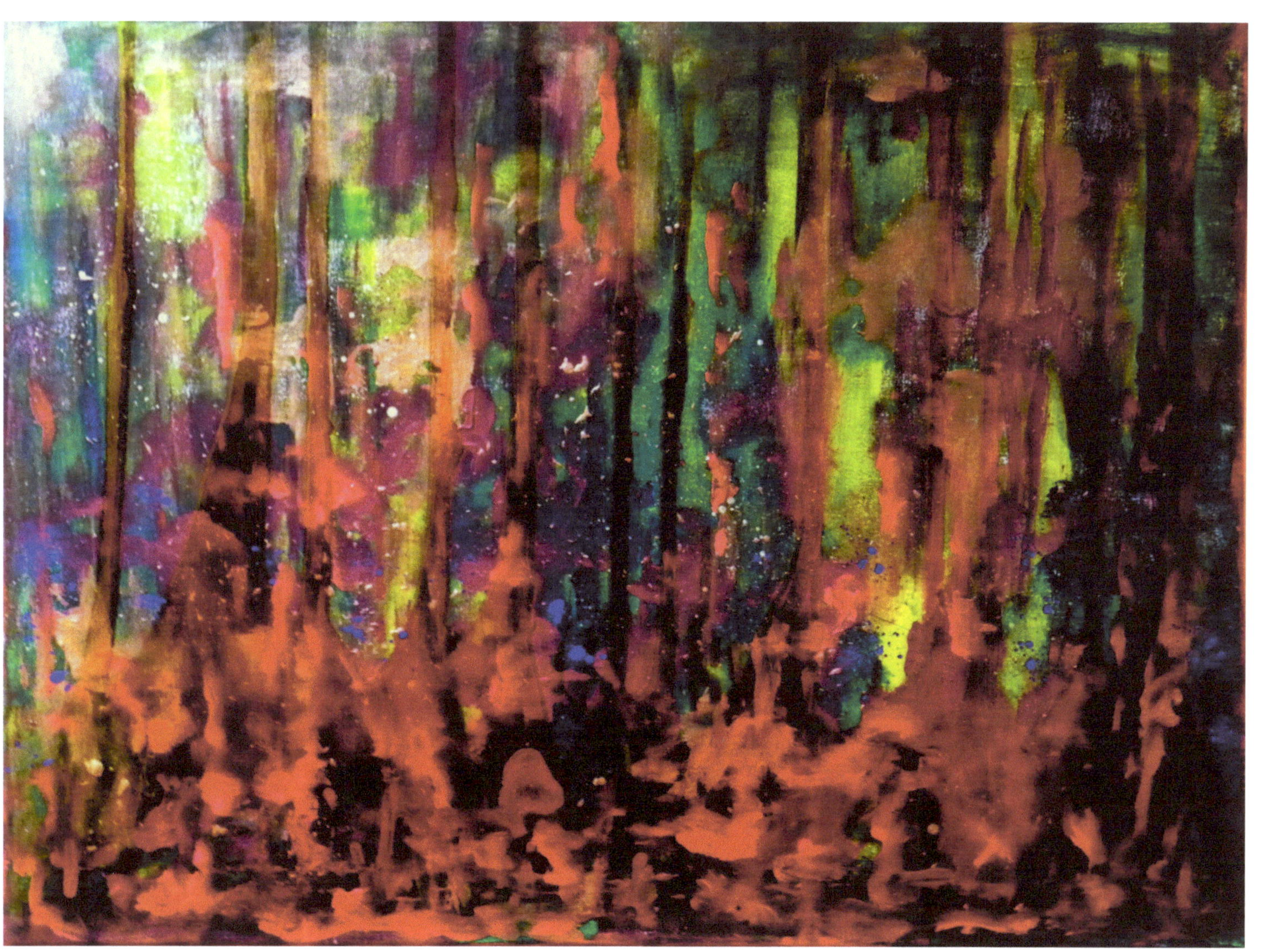

Il bosco brucia, tecnica mista su tela, cm 80x60

Rosanna ANELLI

anelli.rosanna@gmail.com

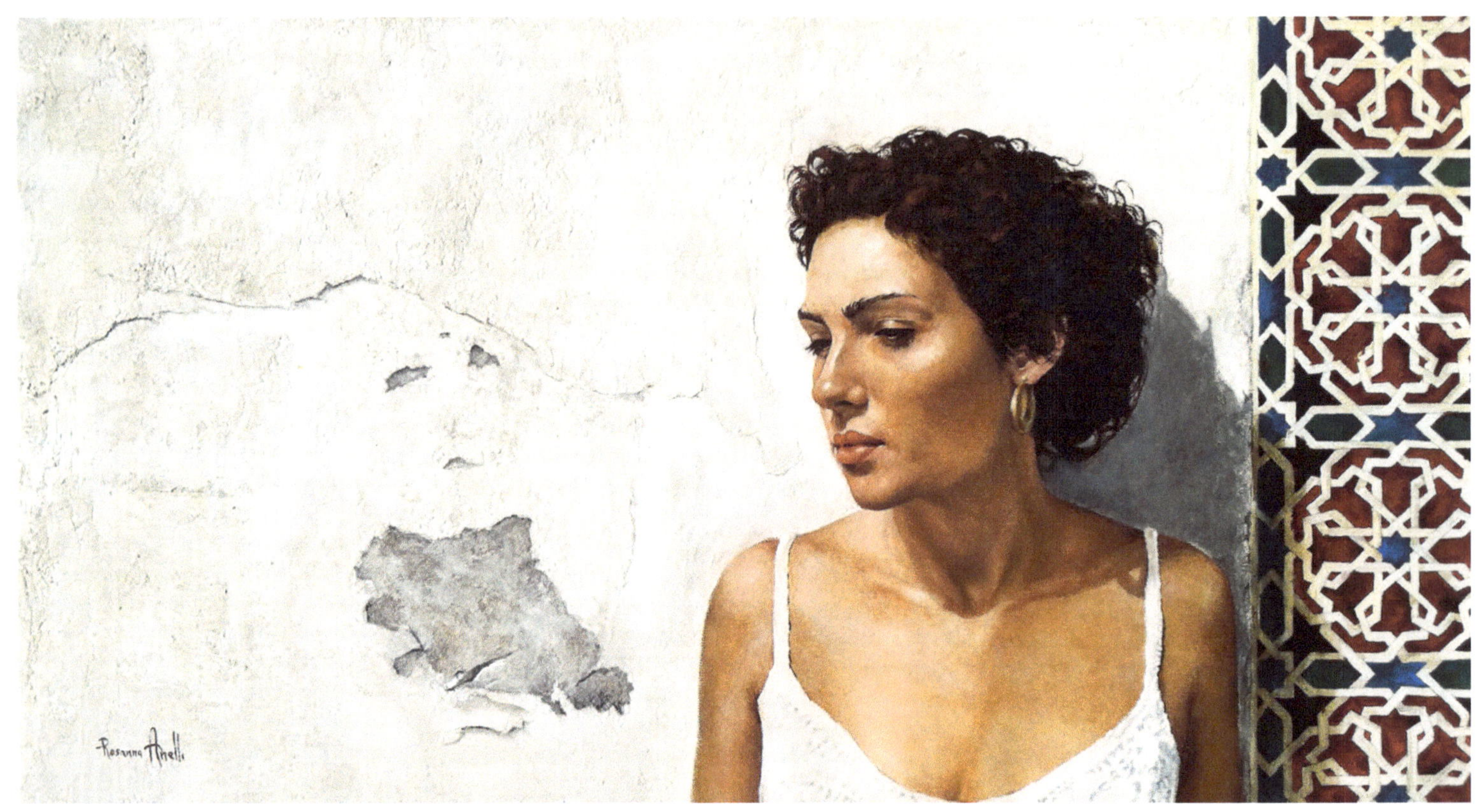

Mediterraneo, quarzo, acrilico e olio su tela, cm 100x55

aristideaprea@hotmail.it

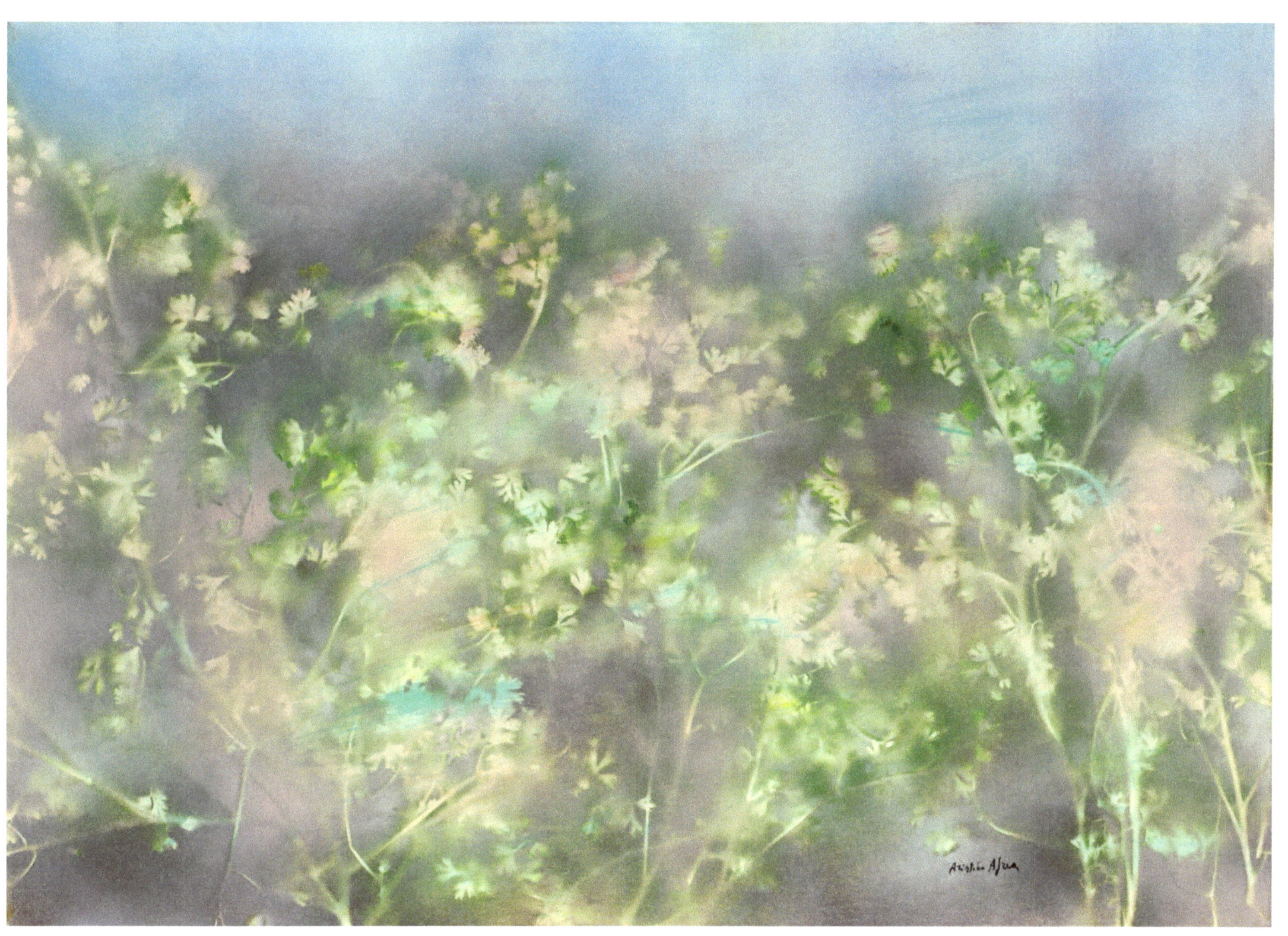

Capelvenere, tecnica mista su tela con aerografo, cm 70x50

demmys1981@libero.it

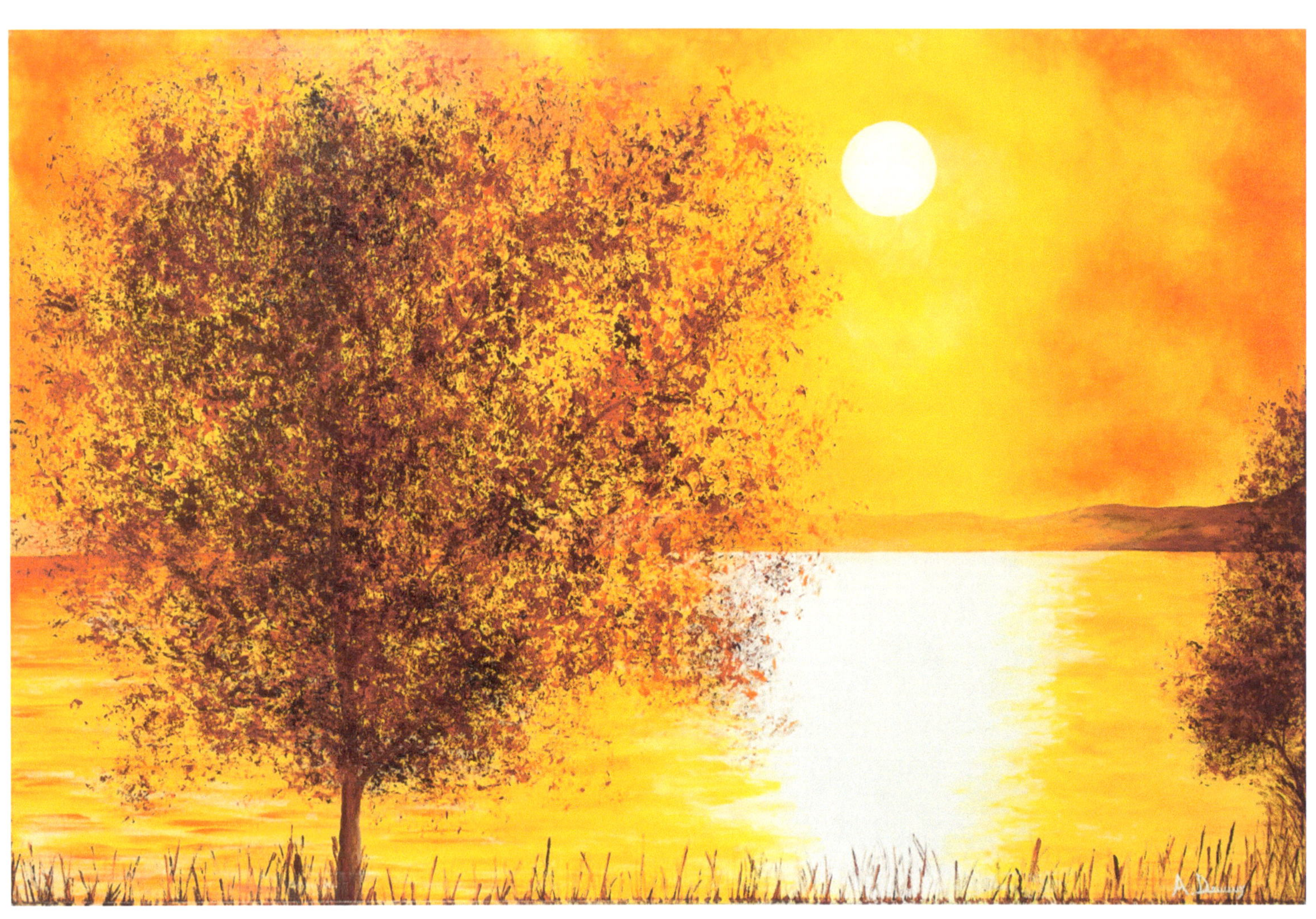

Poesia d'autunno, acrilico su tela, cm 150x100

Eter BARATTA

mariaeterna.baratta@gmail.com

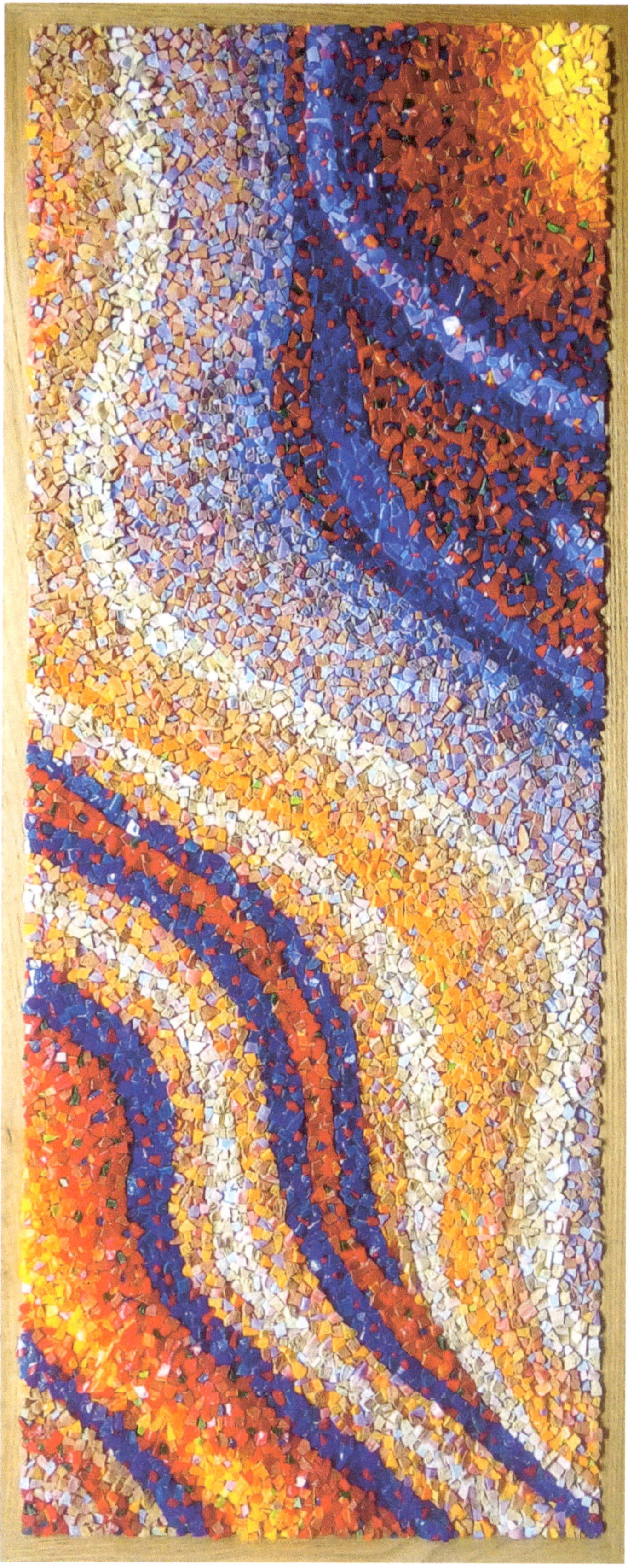

Cromie, mosaico moderno, cm 95x40

norma.bini@libero.it

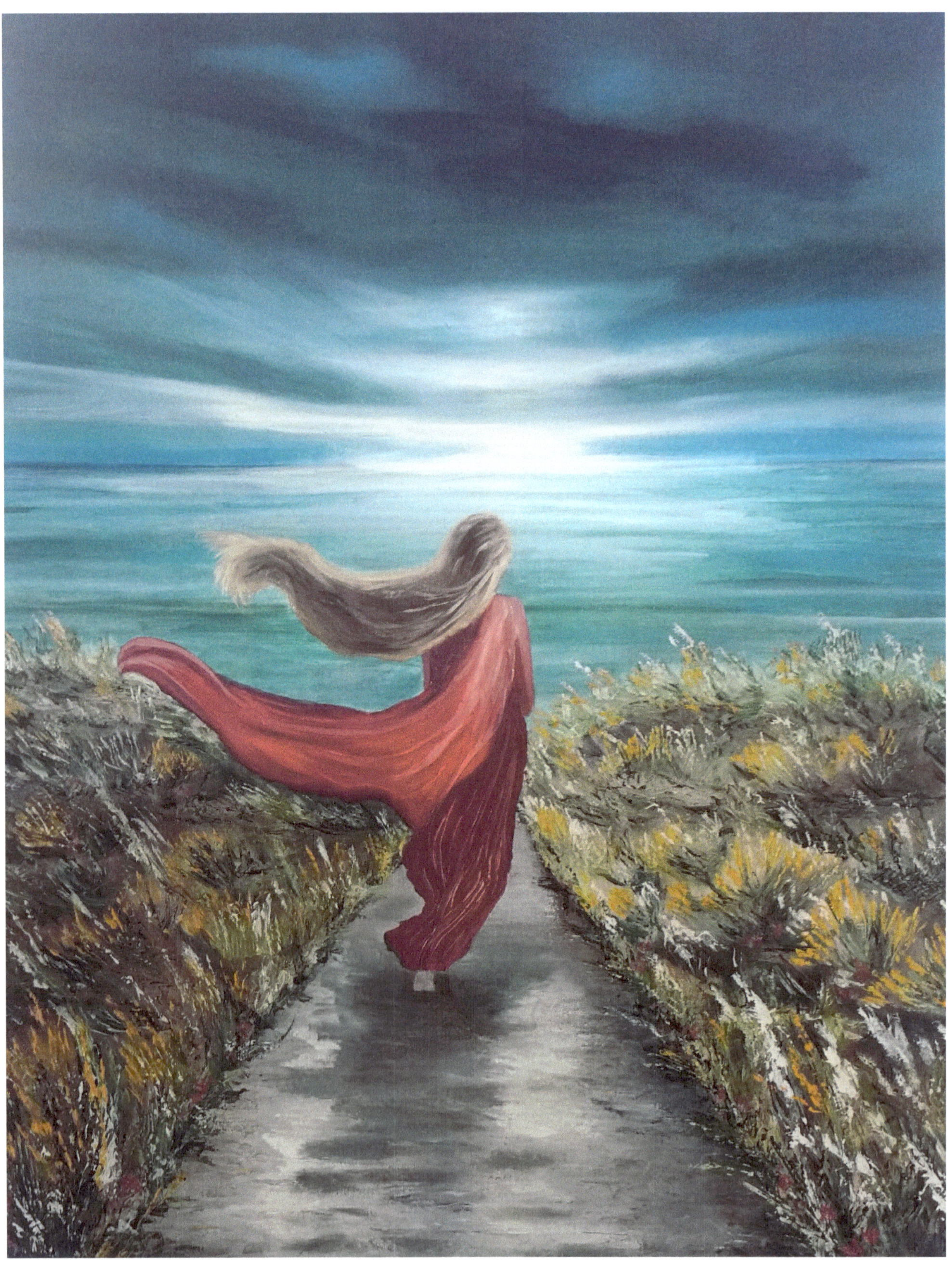

Verso infiniti orizzonti, olio su tela, cm 80x80

enricocapuano53@gmail.com

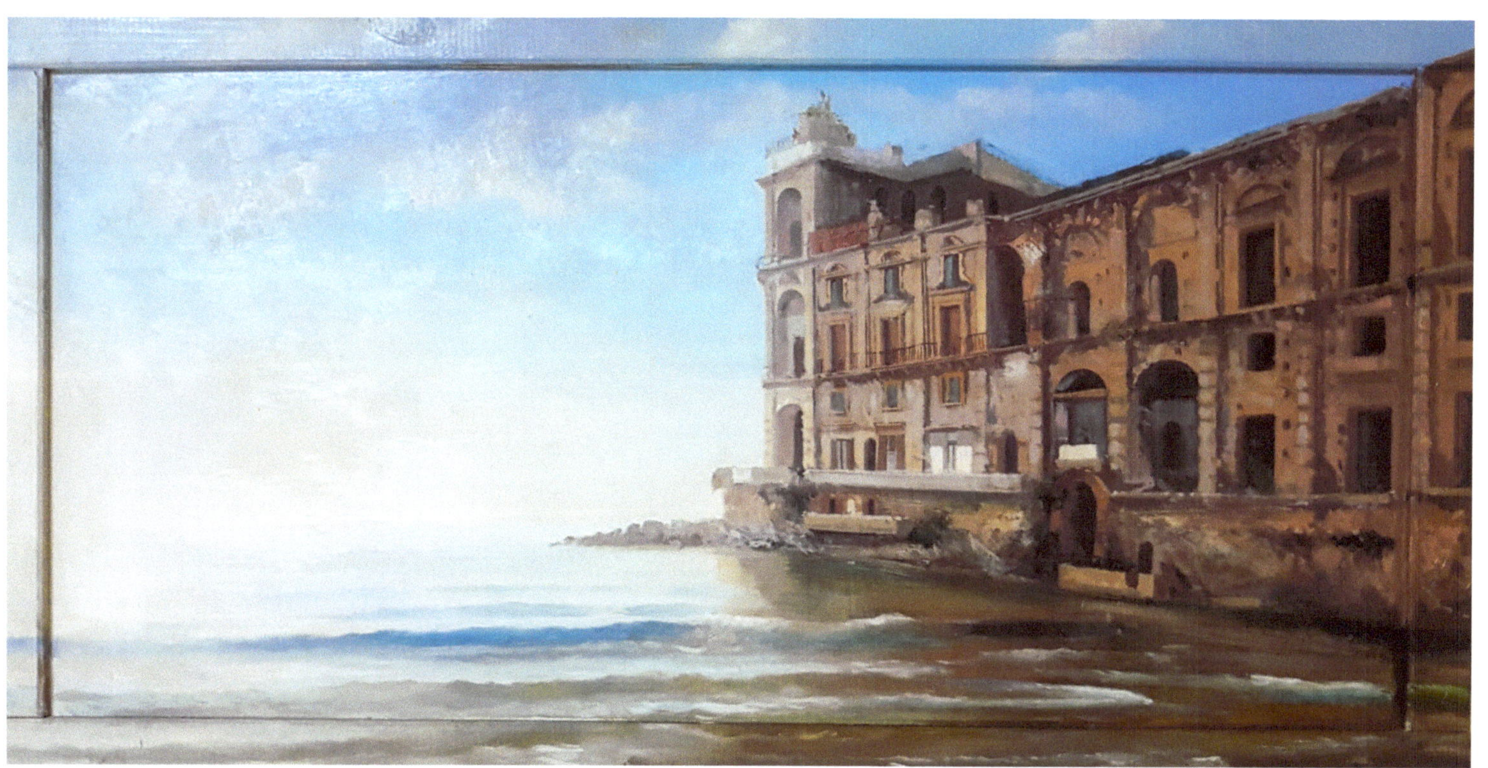

Palazzo Donn'Anna, olio su tavola, cm 70x36

Angela CIALEO

angelacialeo@virgilio.it

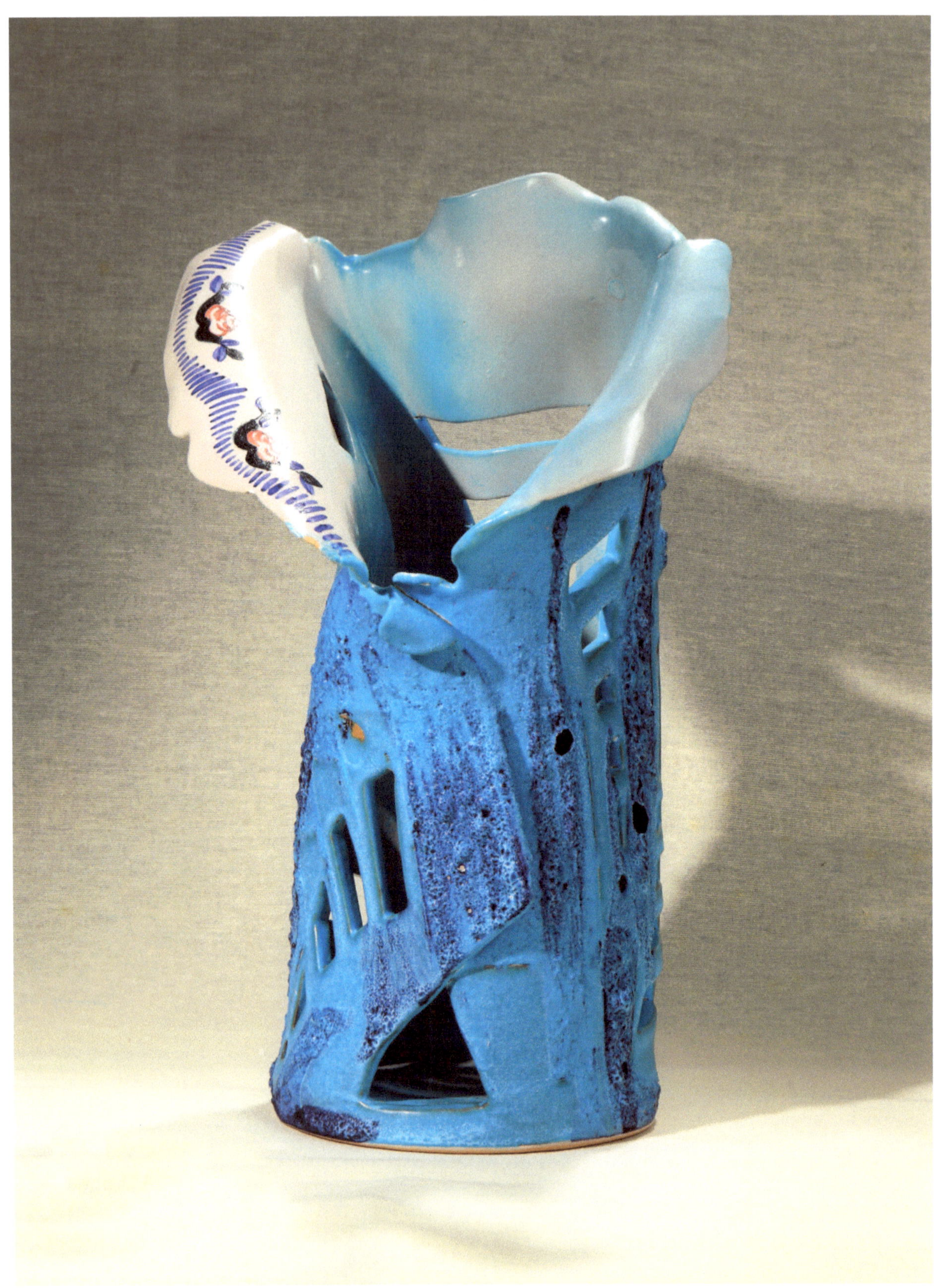

Il mio paese, ceramica, cm 40x24

Annella COPPONI

mairesama4@gmail.com

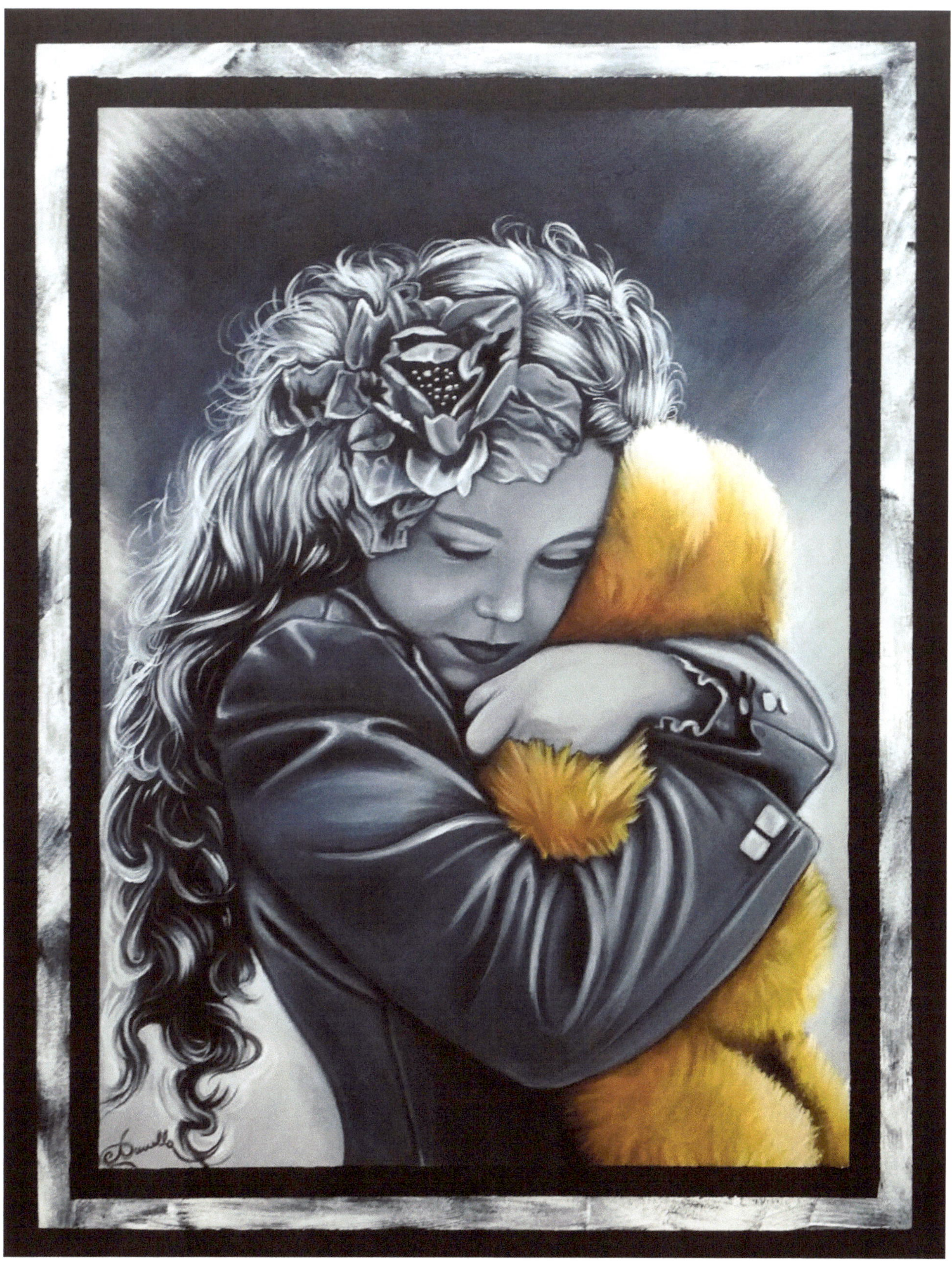

Gif di tenerezza, olio e malta su tela, cm 60x80

ant.cosimato@gmail.com

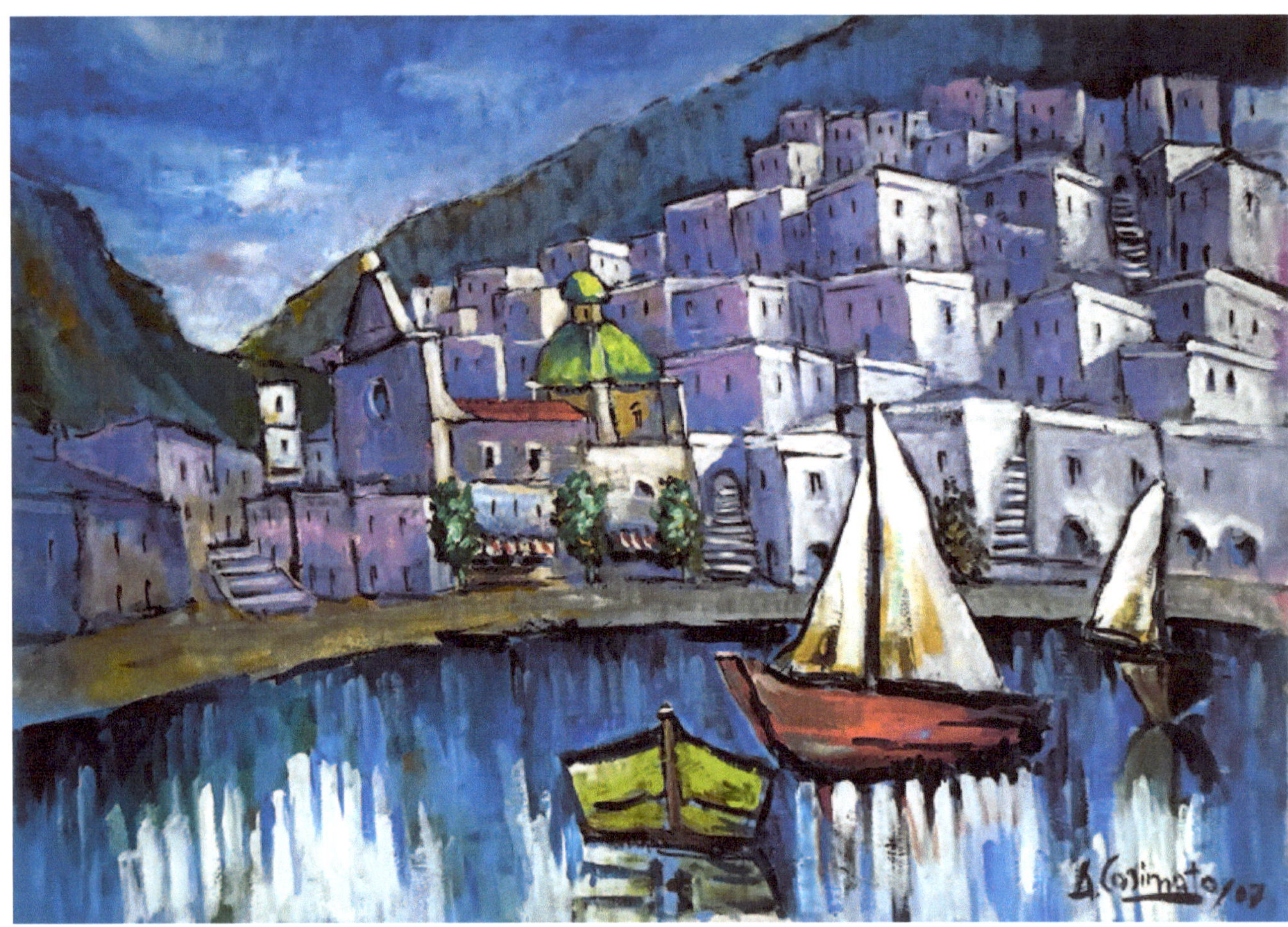

Positano dal mare, acrilico su tela, cm 80x60

margherita_920@hotmail.com

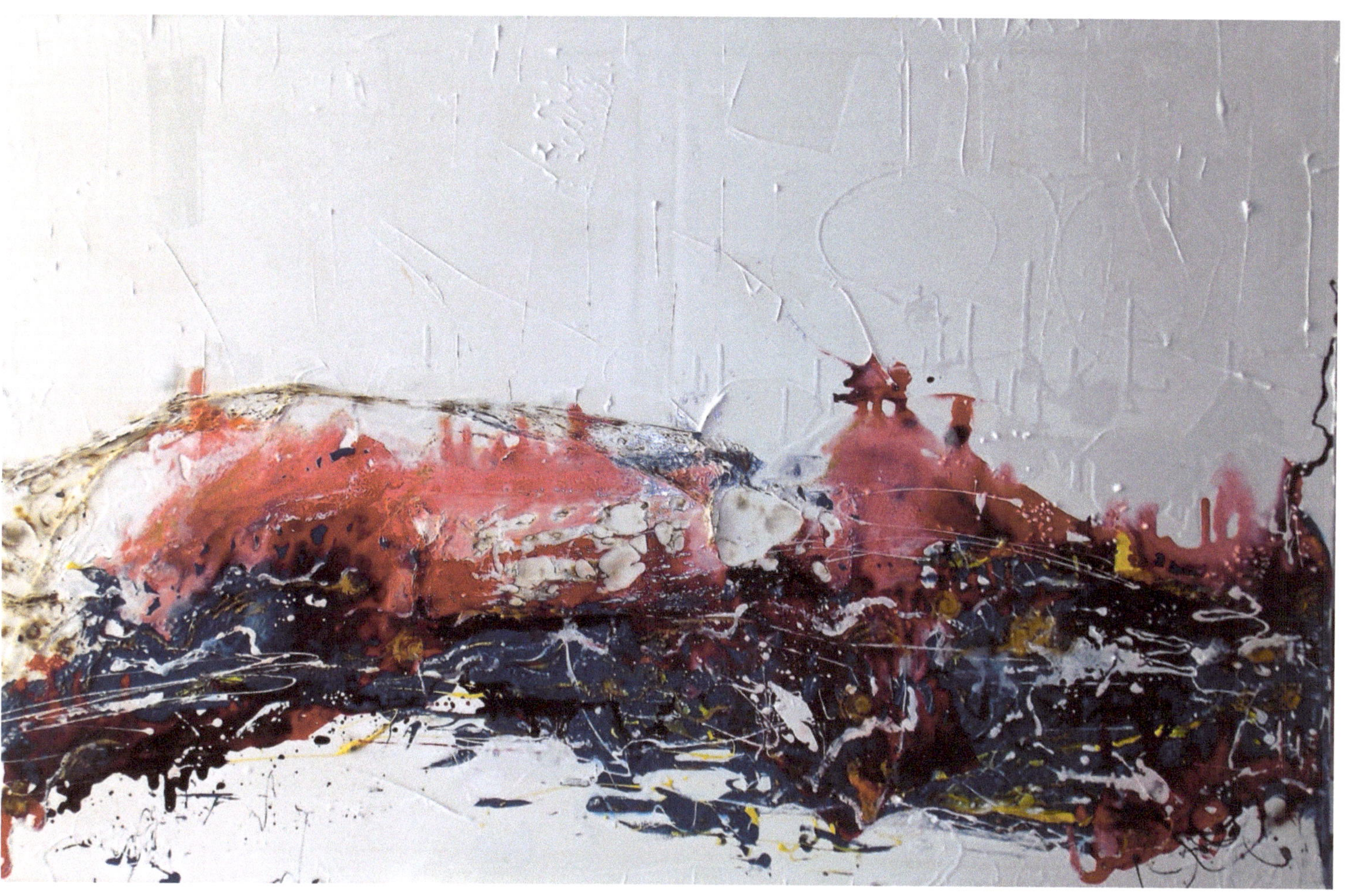

Fluire, tecnica mista su tela, cm 120x80

Mena D'ANTONIO

filomenadantonio5@gmail.com

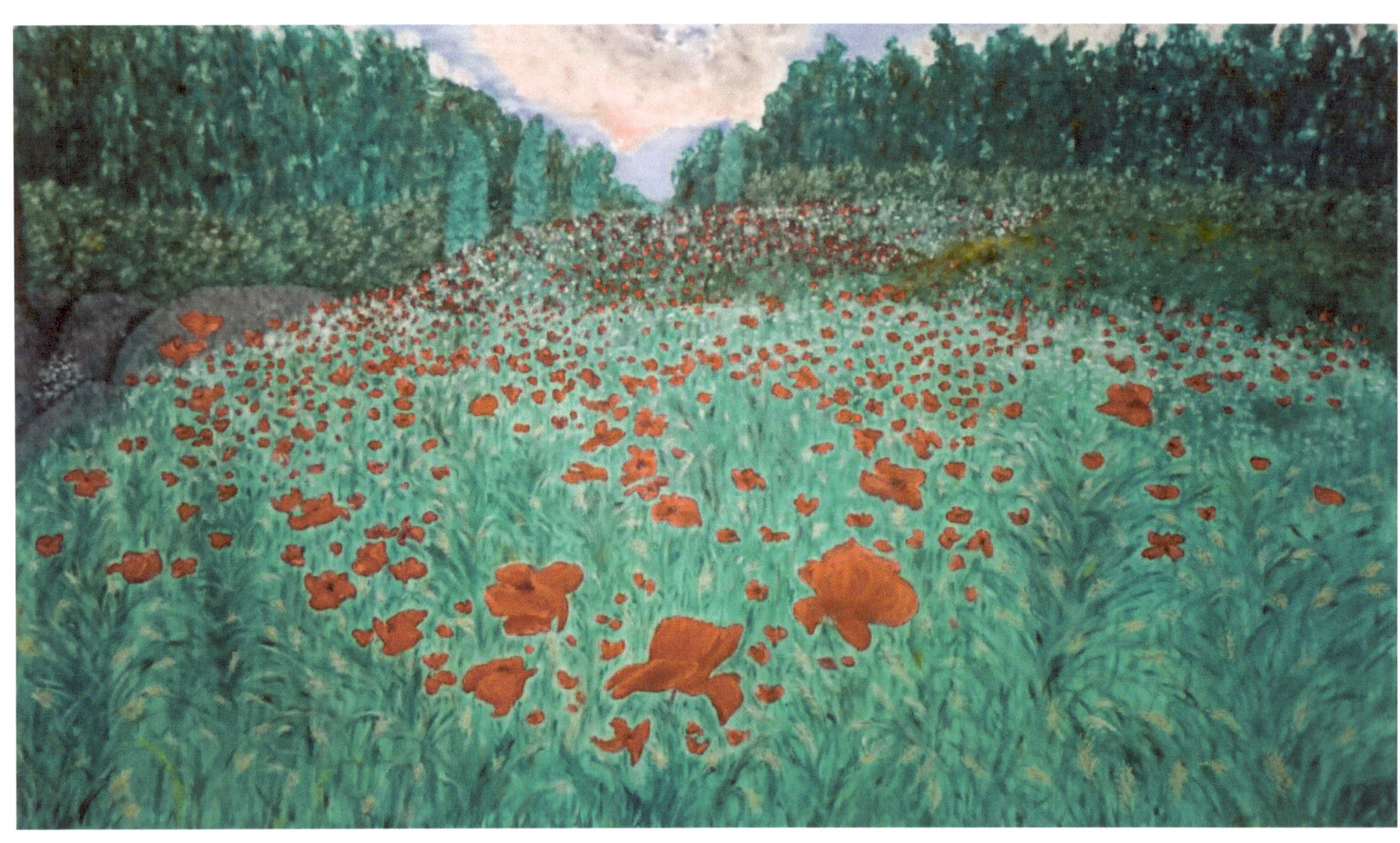

Campo incolto, olio su tela, cm 80x50

pietrodeseta@gmail.com

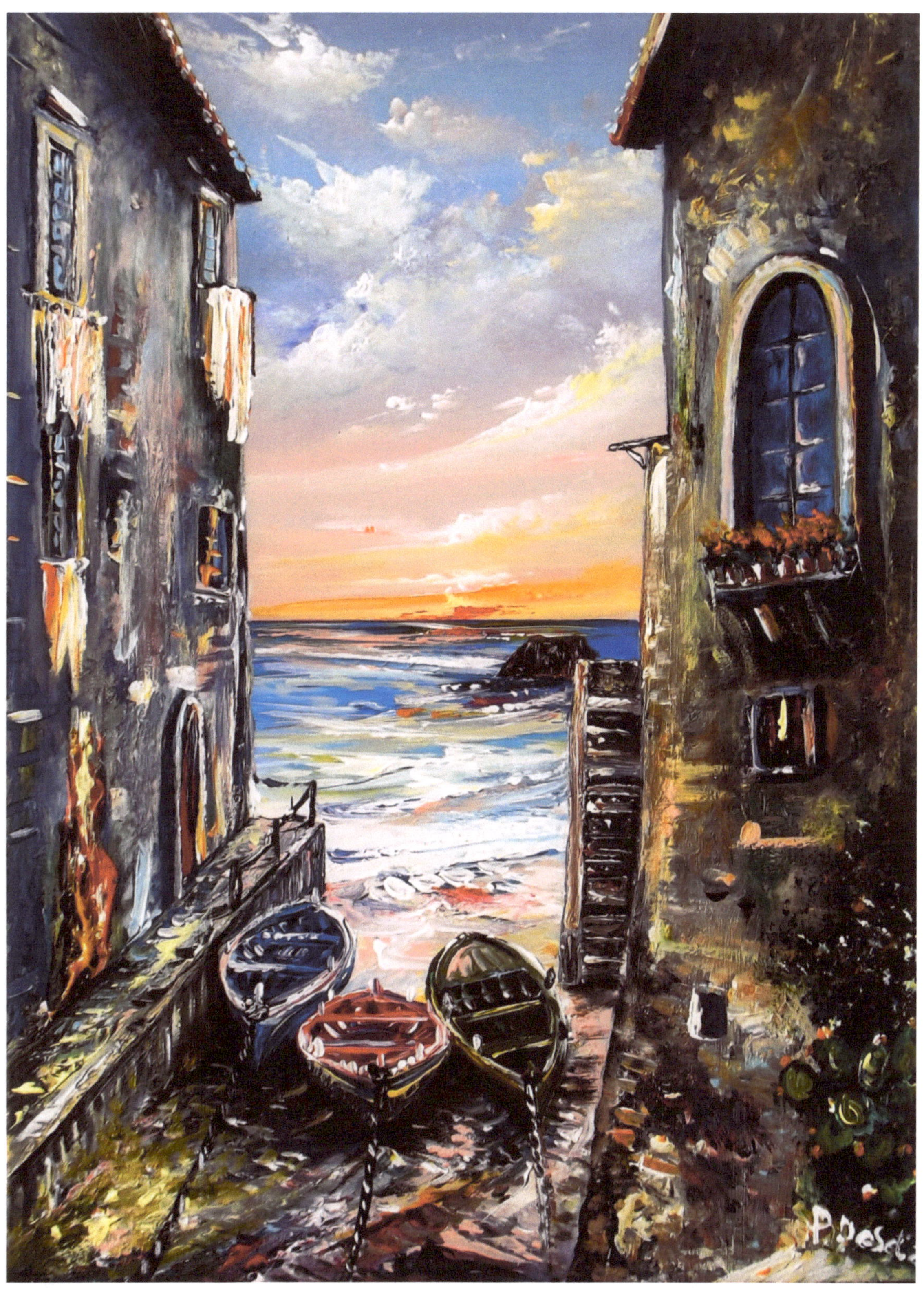

Scilla, acrilico su tavola, cm 25,5x35,5

Maria DI RIENZO

dirienzo.maria@virgilio.it

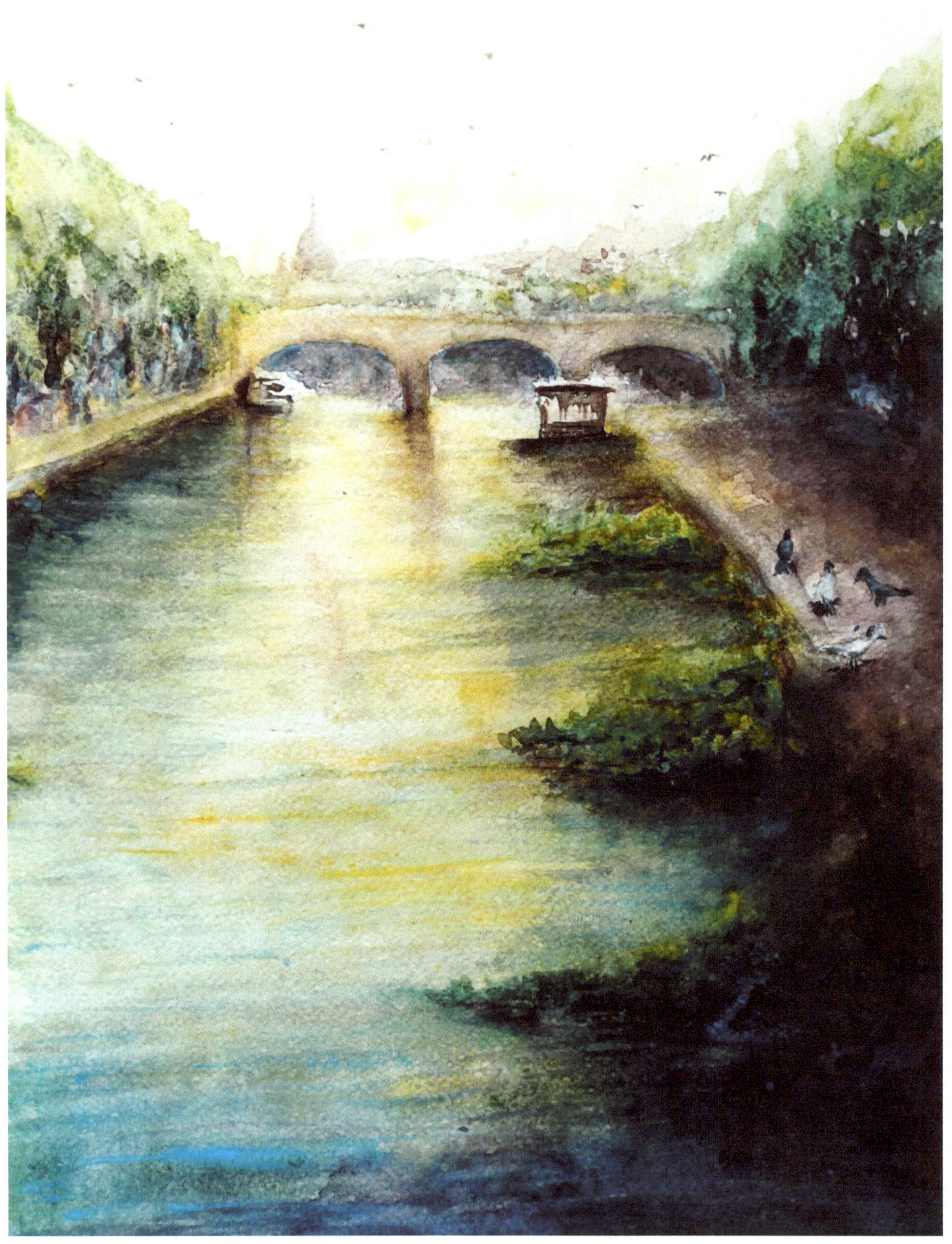

Biondo Tevere, acquerello su carta, cm 30x45

florest@hotmail.it

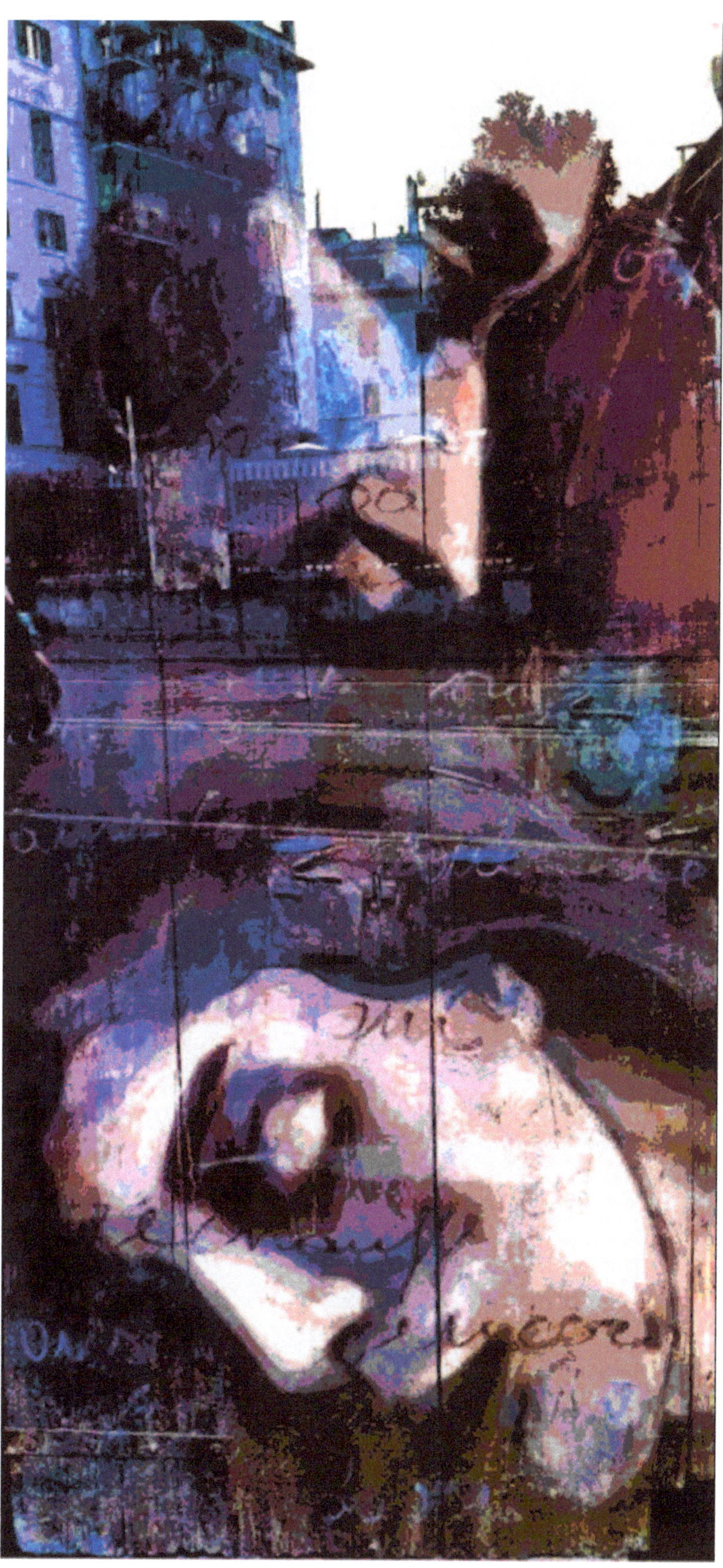

Il sogno, tecnica mista su tela, cm 65x120

conogiard@gmail.com

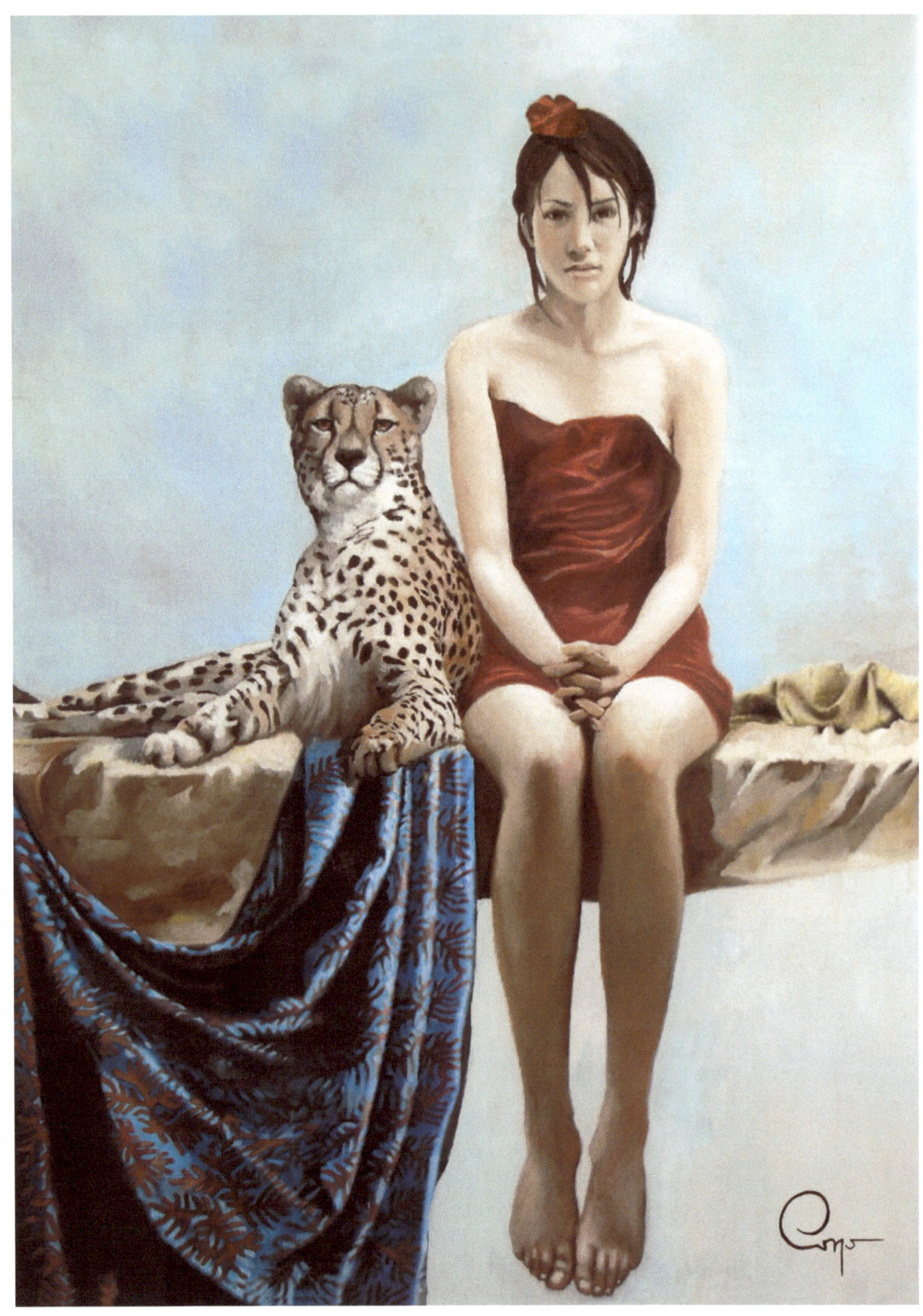

Caratteri apparenti, olio su tela, cm 50x70

massimiliano.giordano73@gmail.com

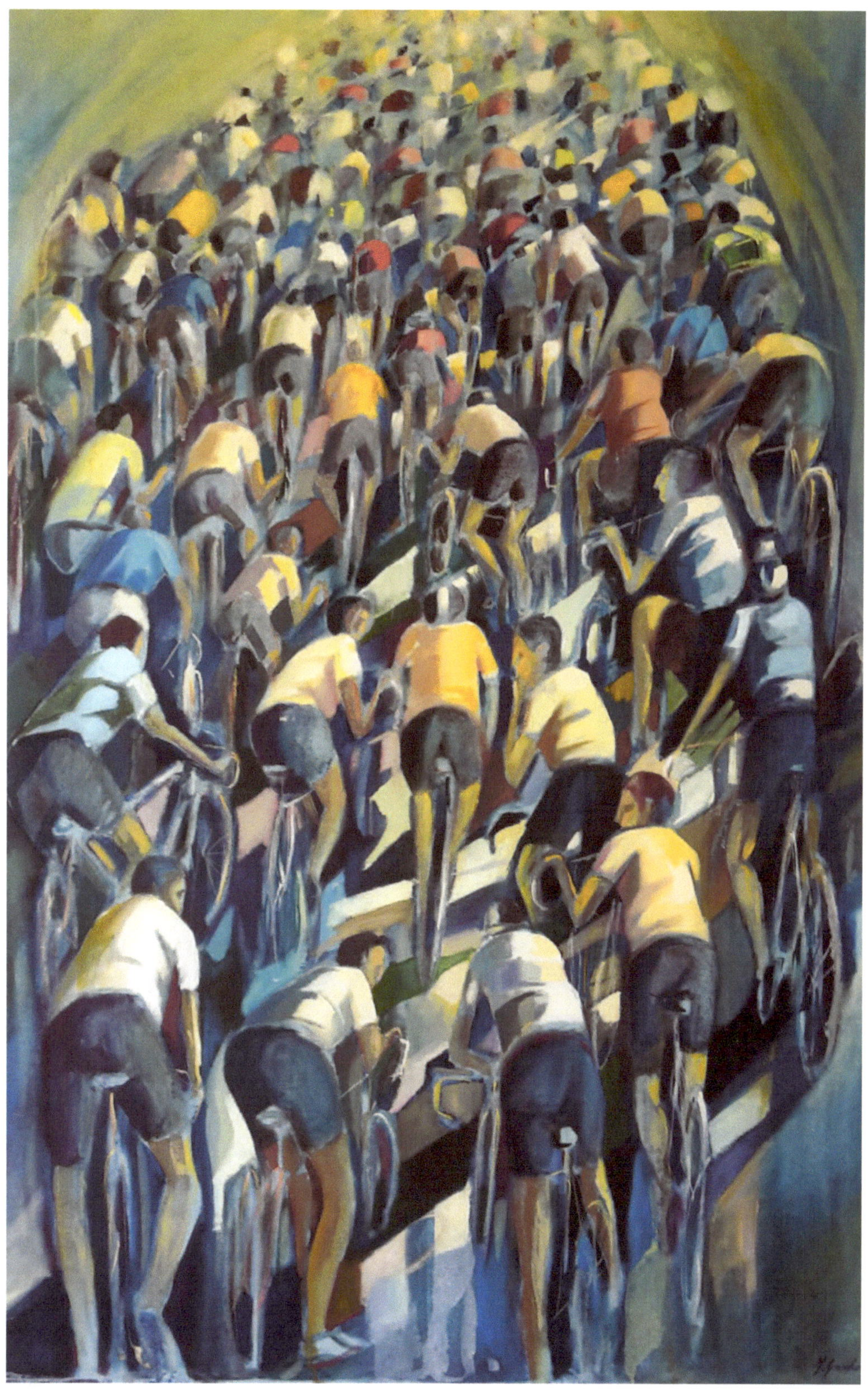

La Corsa, olio su tela, cm 80x100

flaviagrattacaso@outlook.it

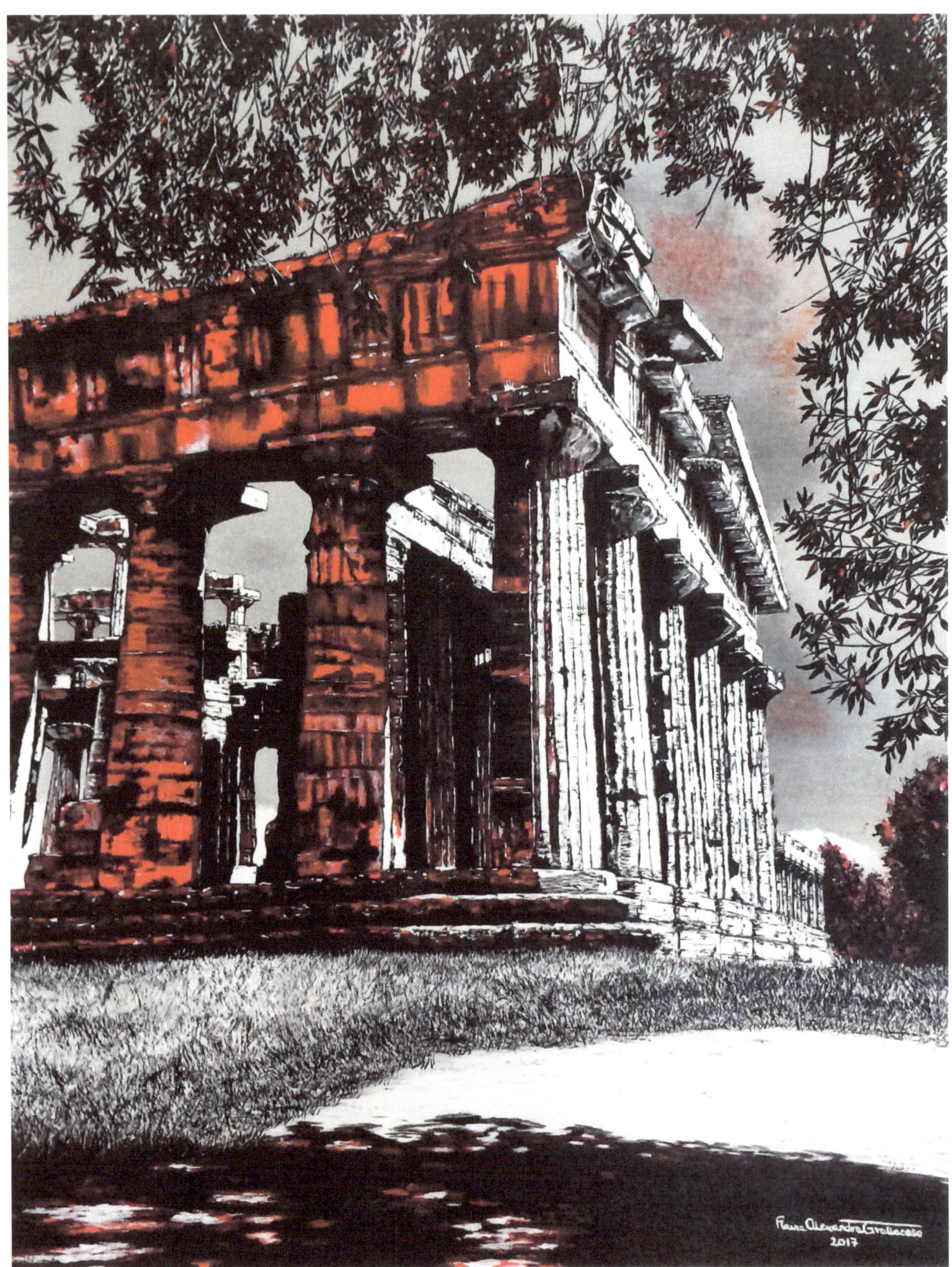

Ombre, acrilico su tela, cm 60x80

biagio.landi@email.it

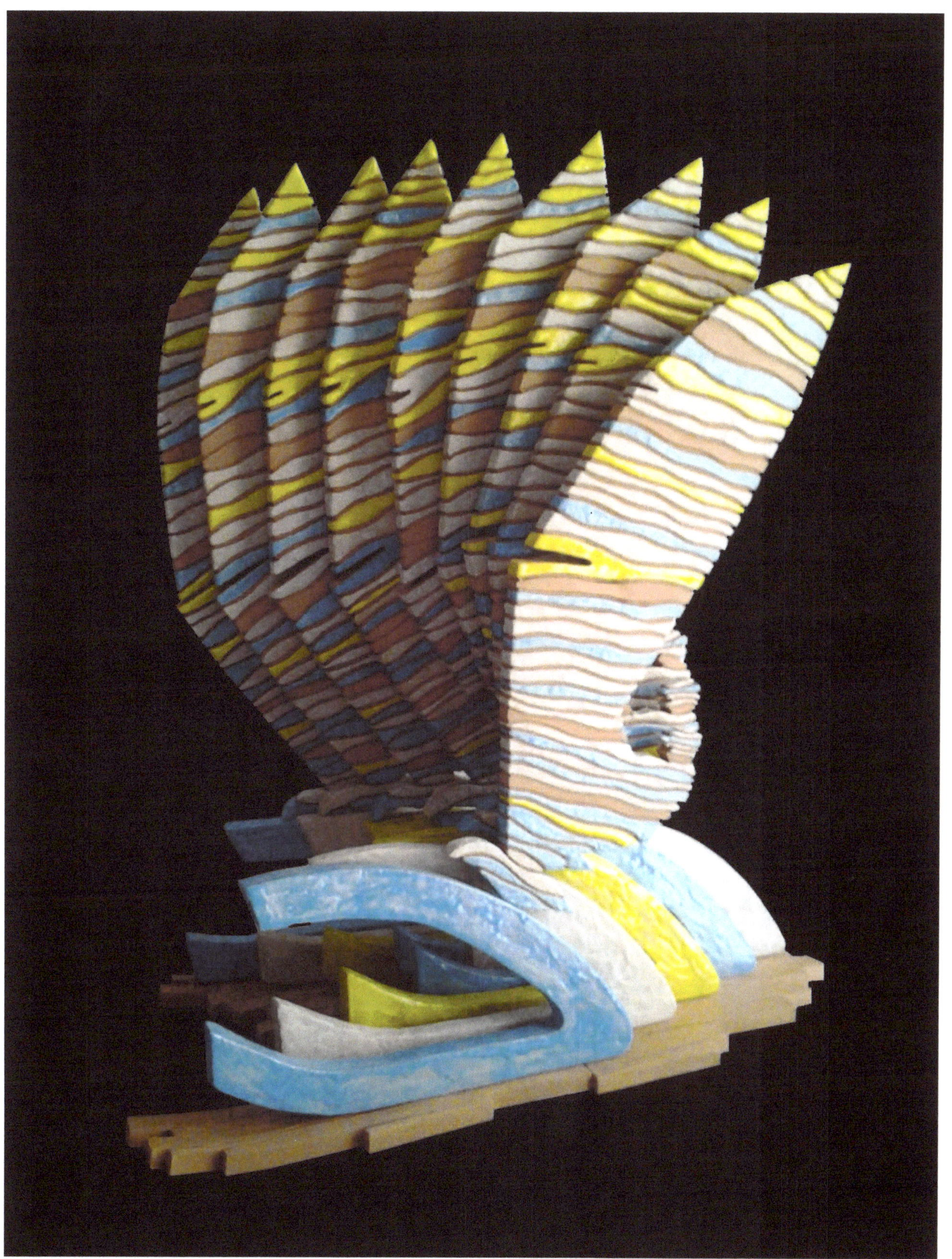

Movimento, scultura in cotto-ceramica, cm 72x37x83

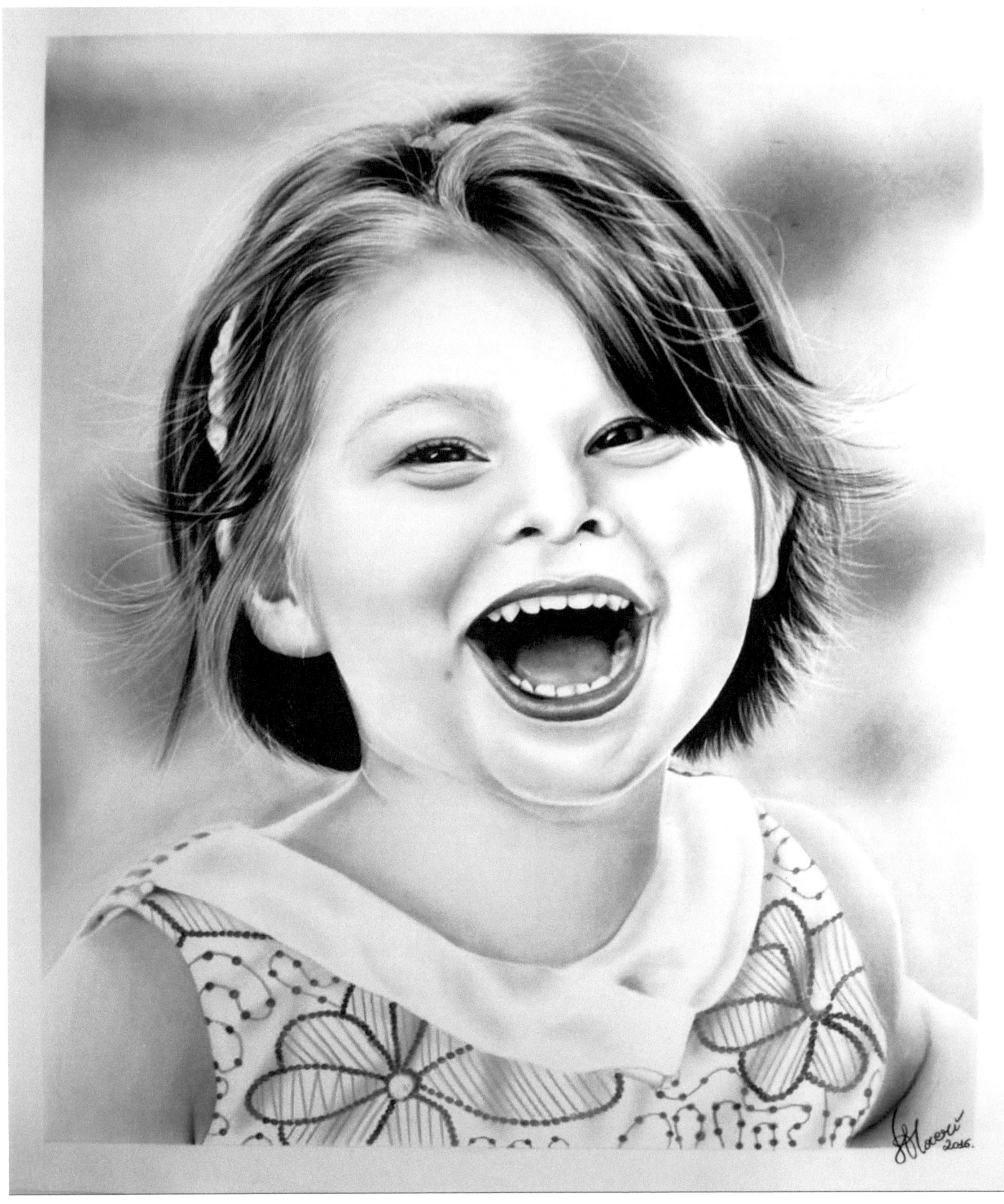

Vita, grafite su carta liscia, cm 80x90

mi.marasco1@gmail.com

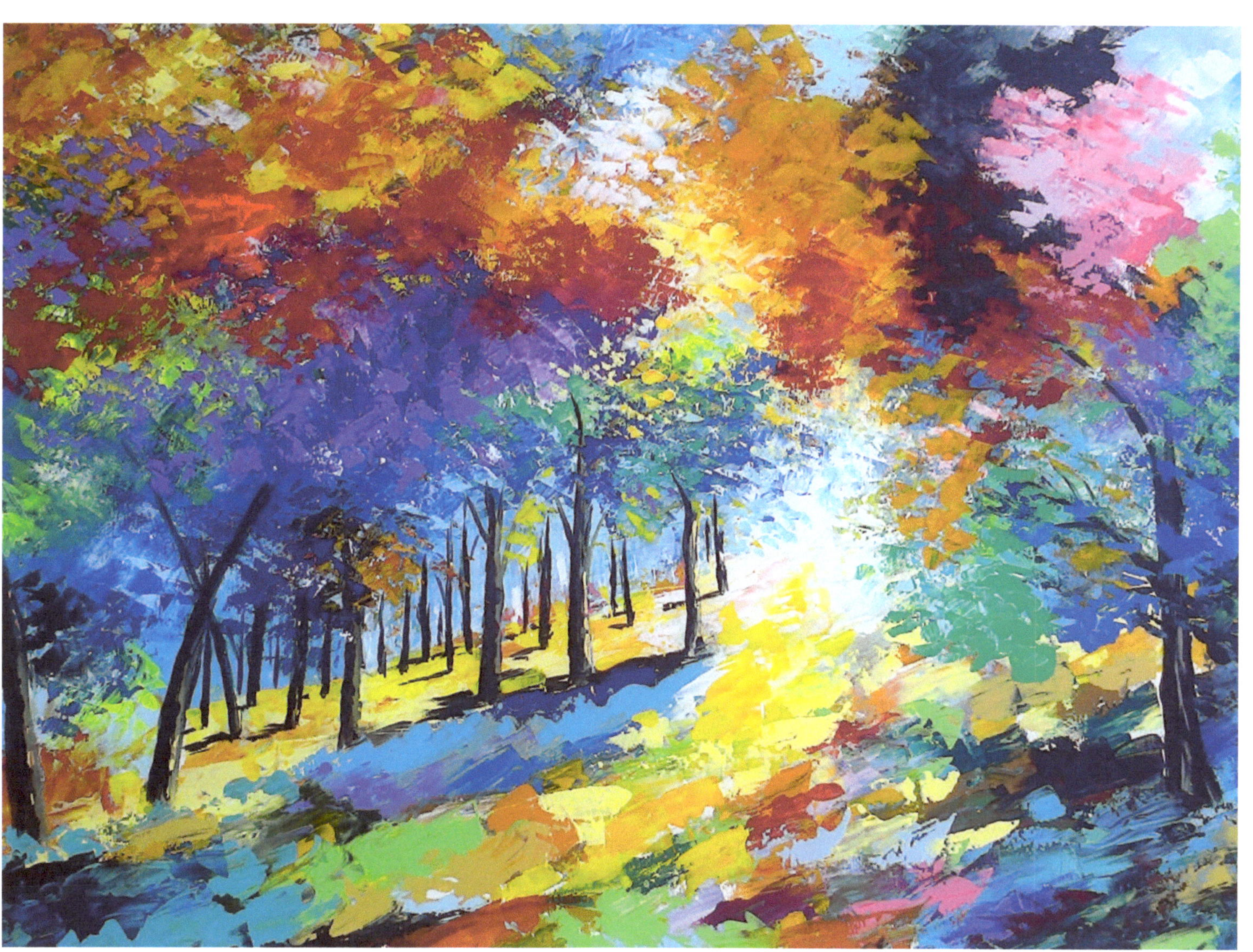

Sinfonia di colori, acrilico su tela, cm 100x80

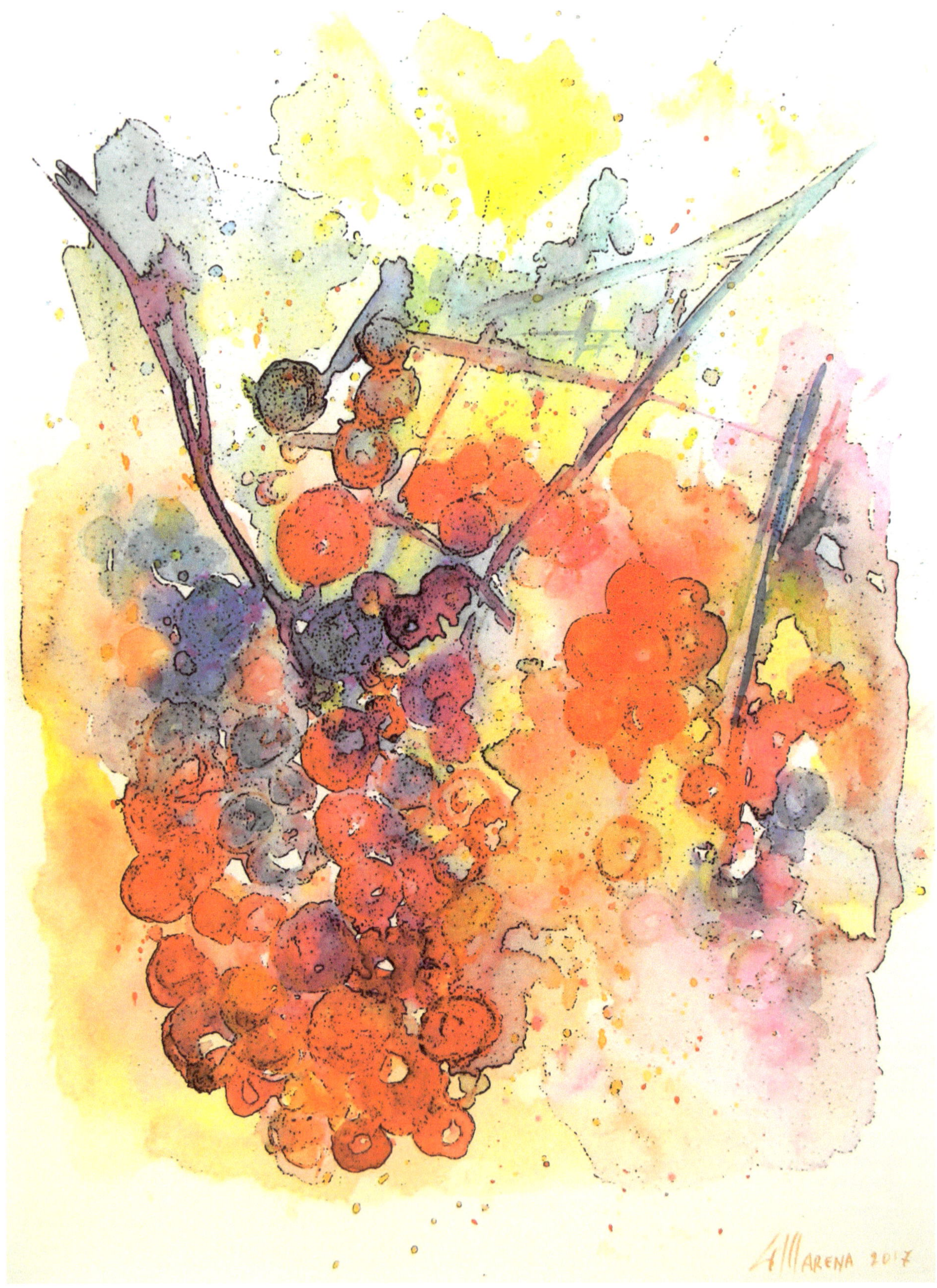

Uva, tecnica mista con acquerello su carta Magnani, cm 70x50

marescapeppe@gmail.com

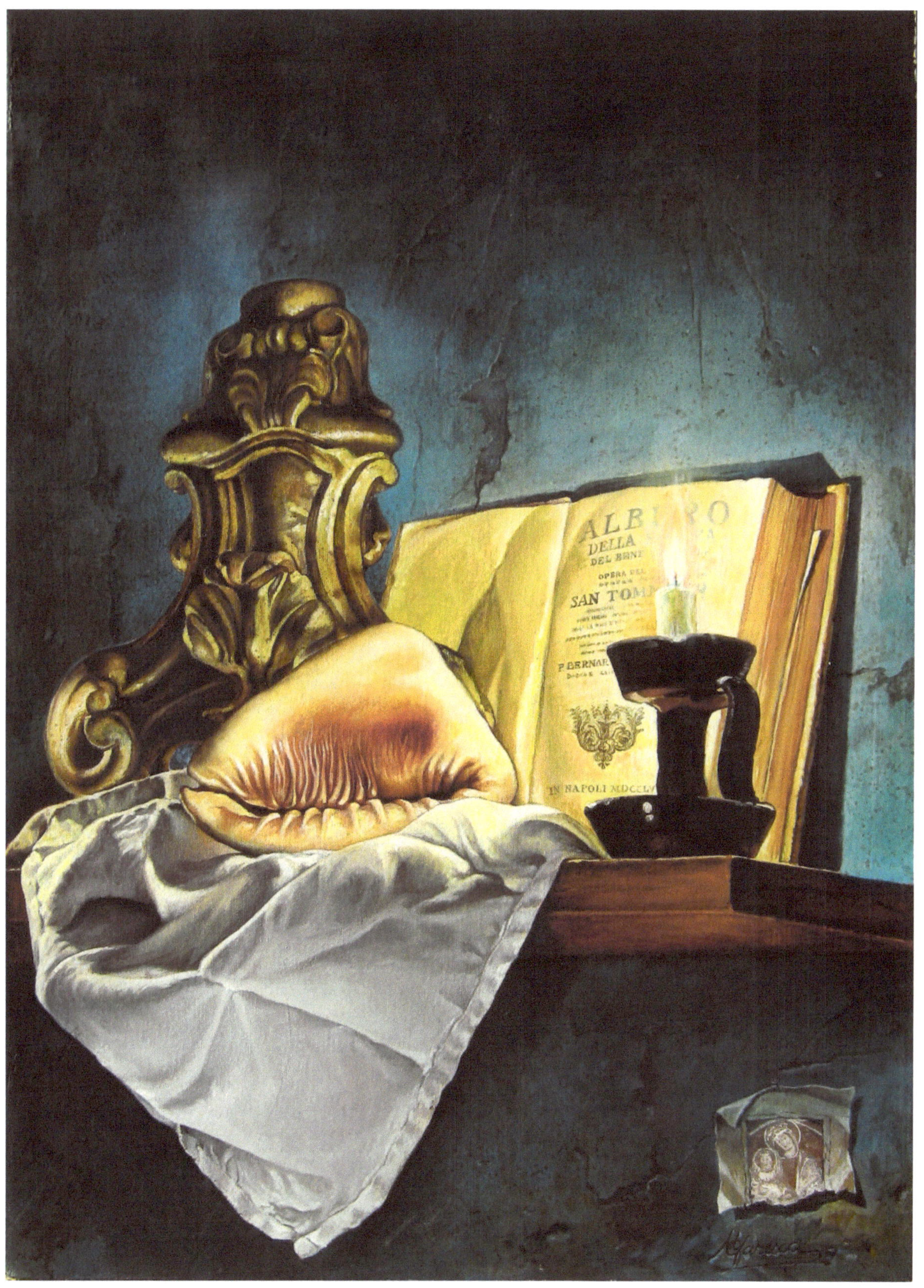

Angoscia, olio su tela, cm 50x70

Marco MEI

marco.mei1@outlook.it

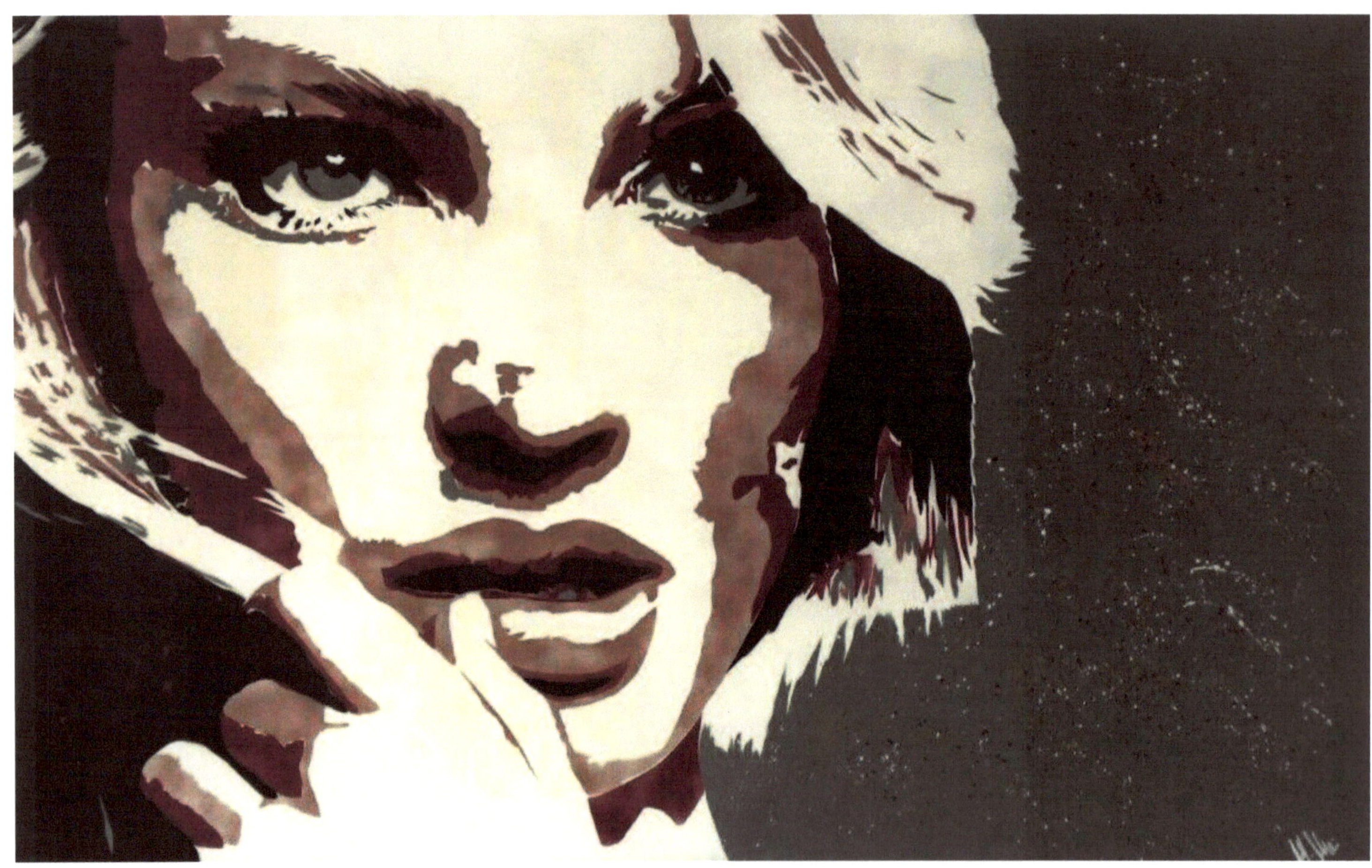

Looking for, stencil, spray su tela, cm 160x100

panna72@libero.it

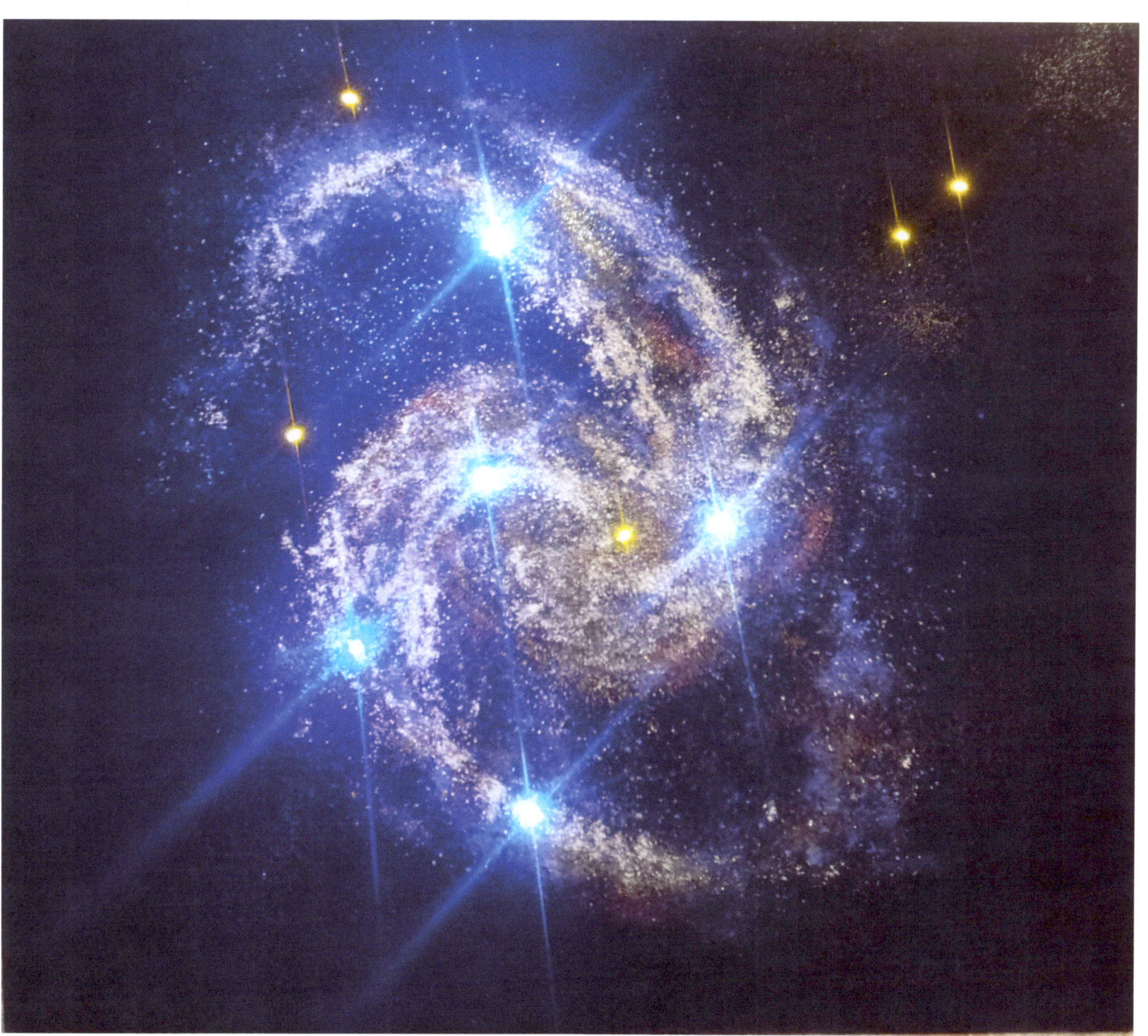

NGC 1365 surrazionale, tecnica mista su tela con led, cm 80x80

pietropaolopaolillo@tin.it

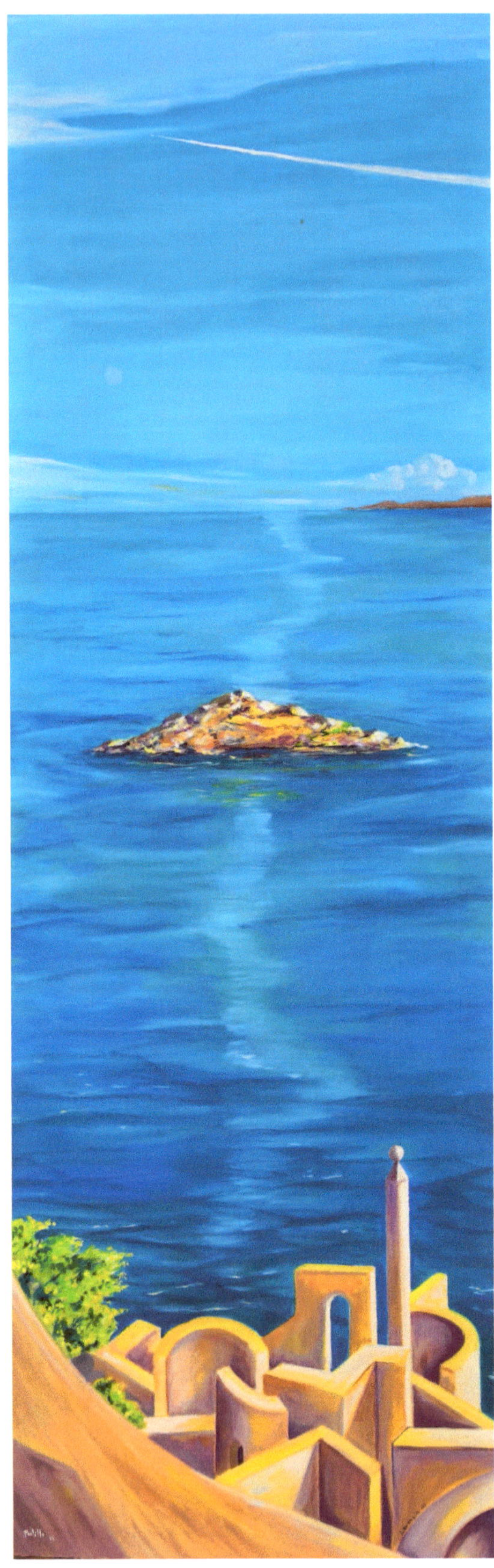

Leucosia, olio su tela, cm 44,5x140

pennapiero75@gmail.com

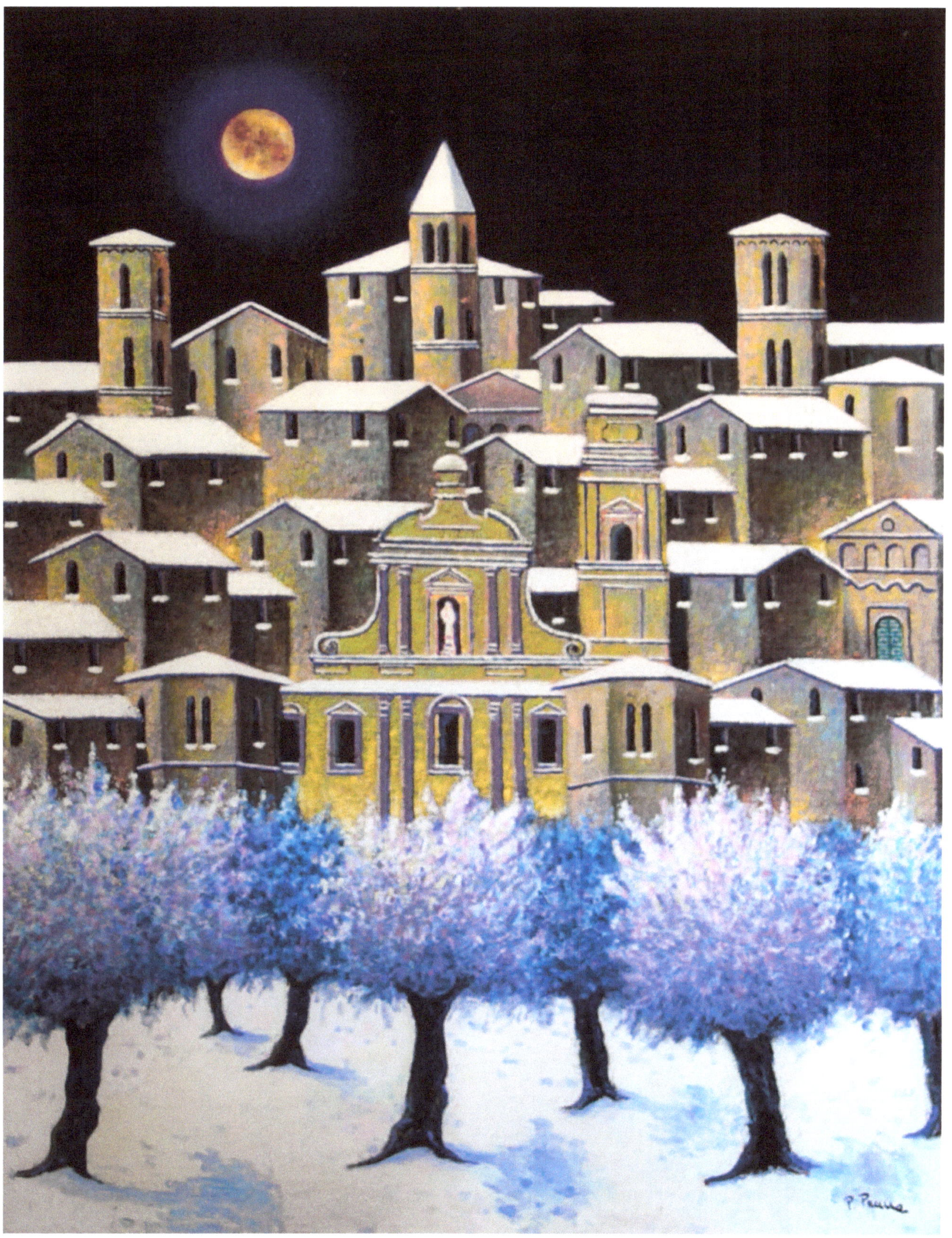

Abbazia di Cava dei Tirreni, olio su tela, cm 70x90

alzamira91@gmail.com

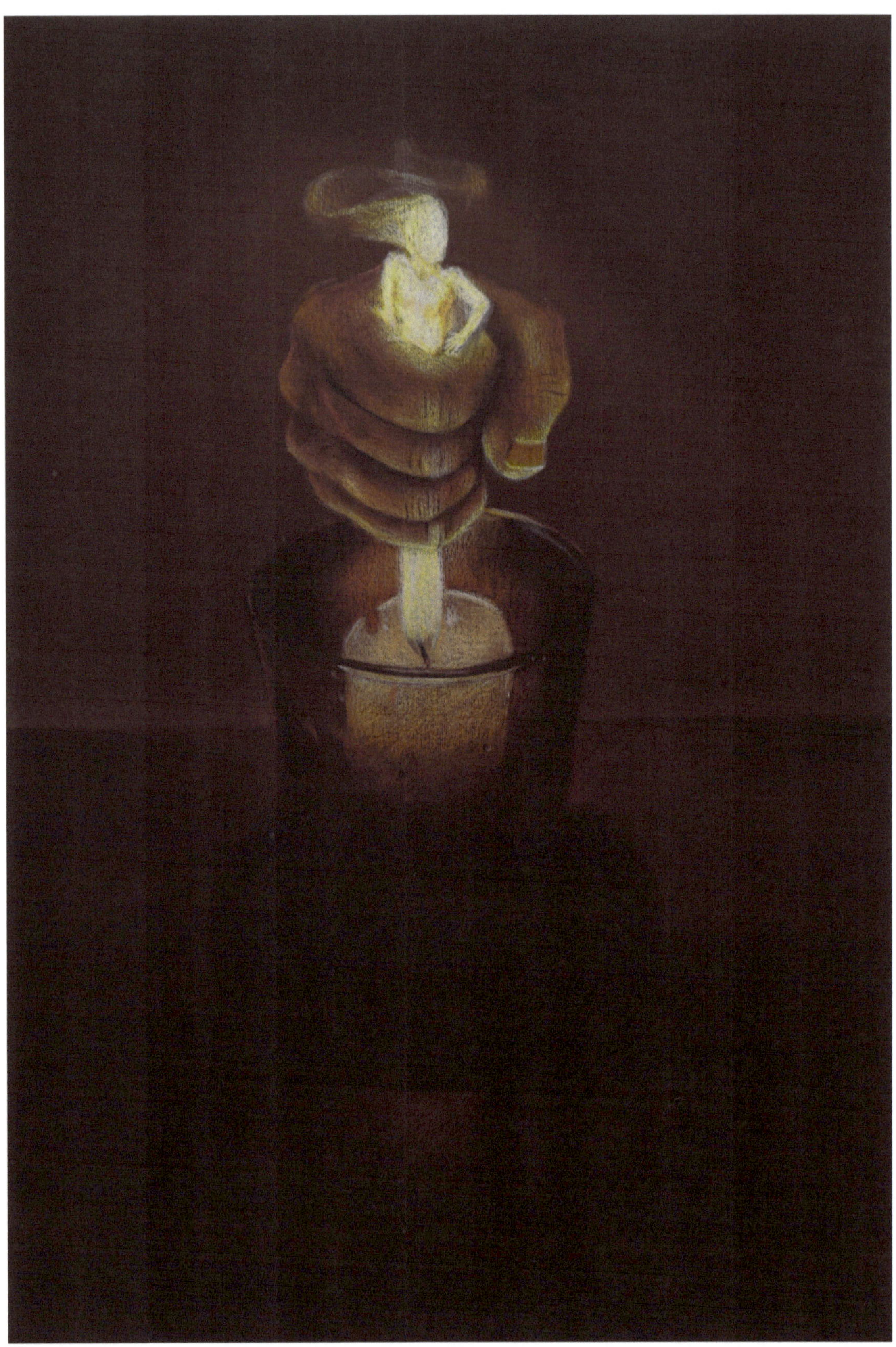

Lotta per la libertà, pastello su cartoncino, cm 50x60

rid-enzo@alice.it

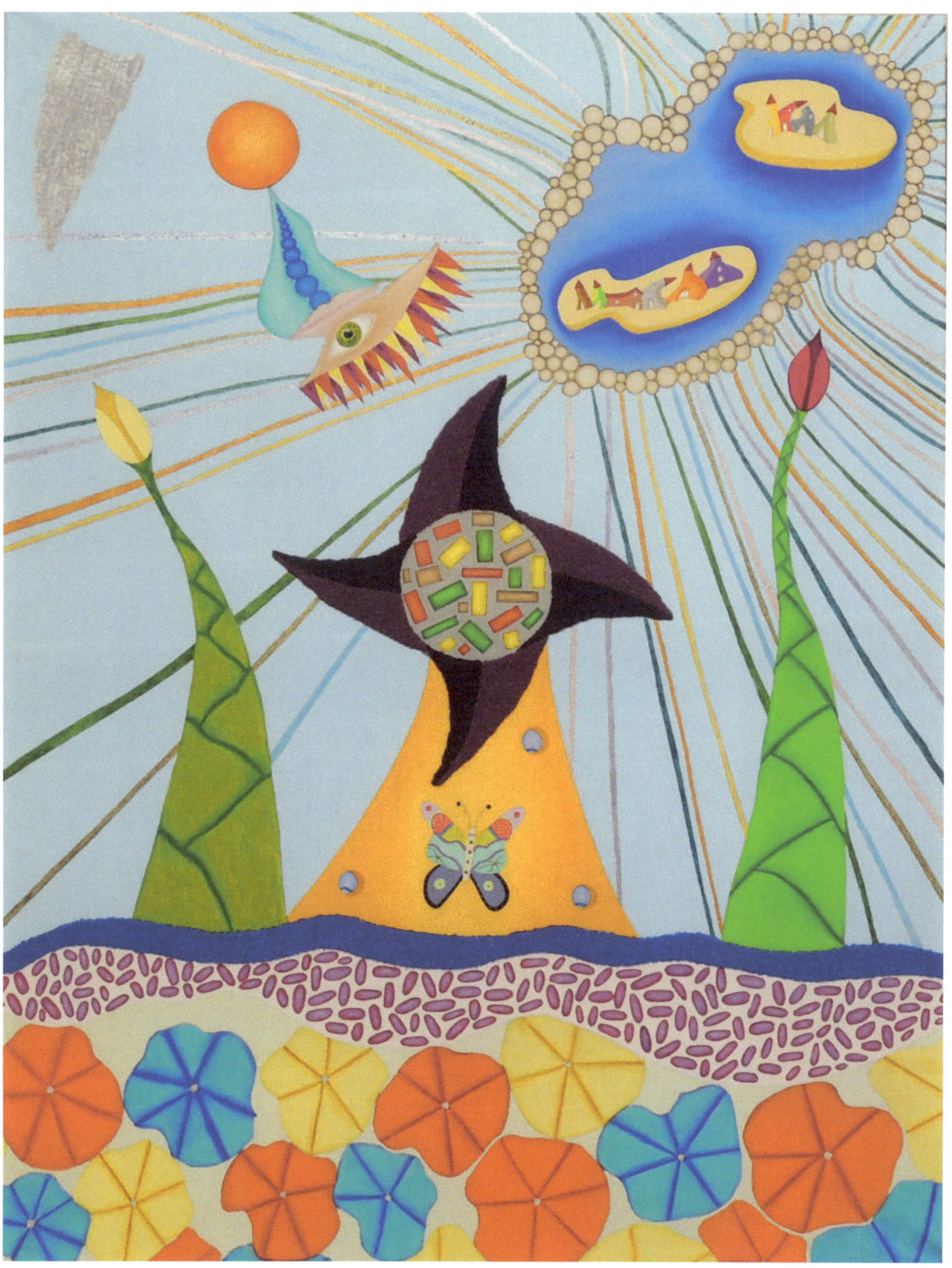

Presenza angelica, olio, acrilico e materia su tela, cm 60x80

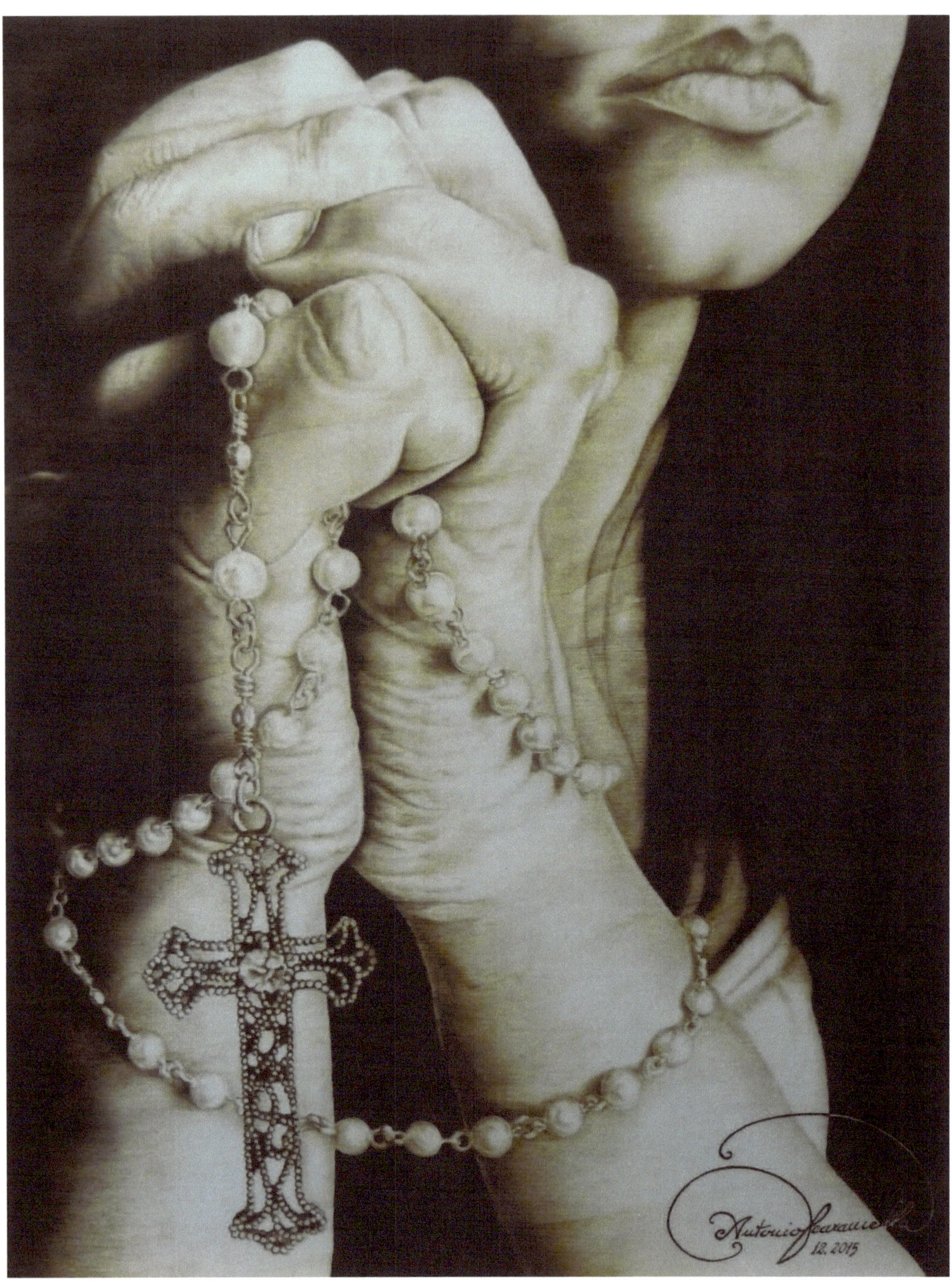

Illuminarsi di fede, pirografia su multistrato di pioppo, cm 50x60

salvatoreschifano11@gmail.com

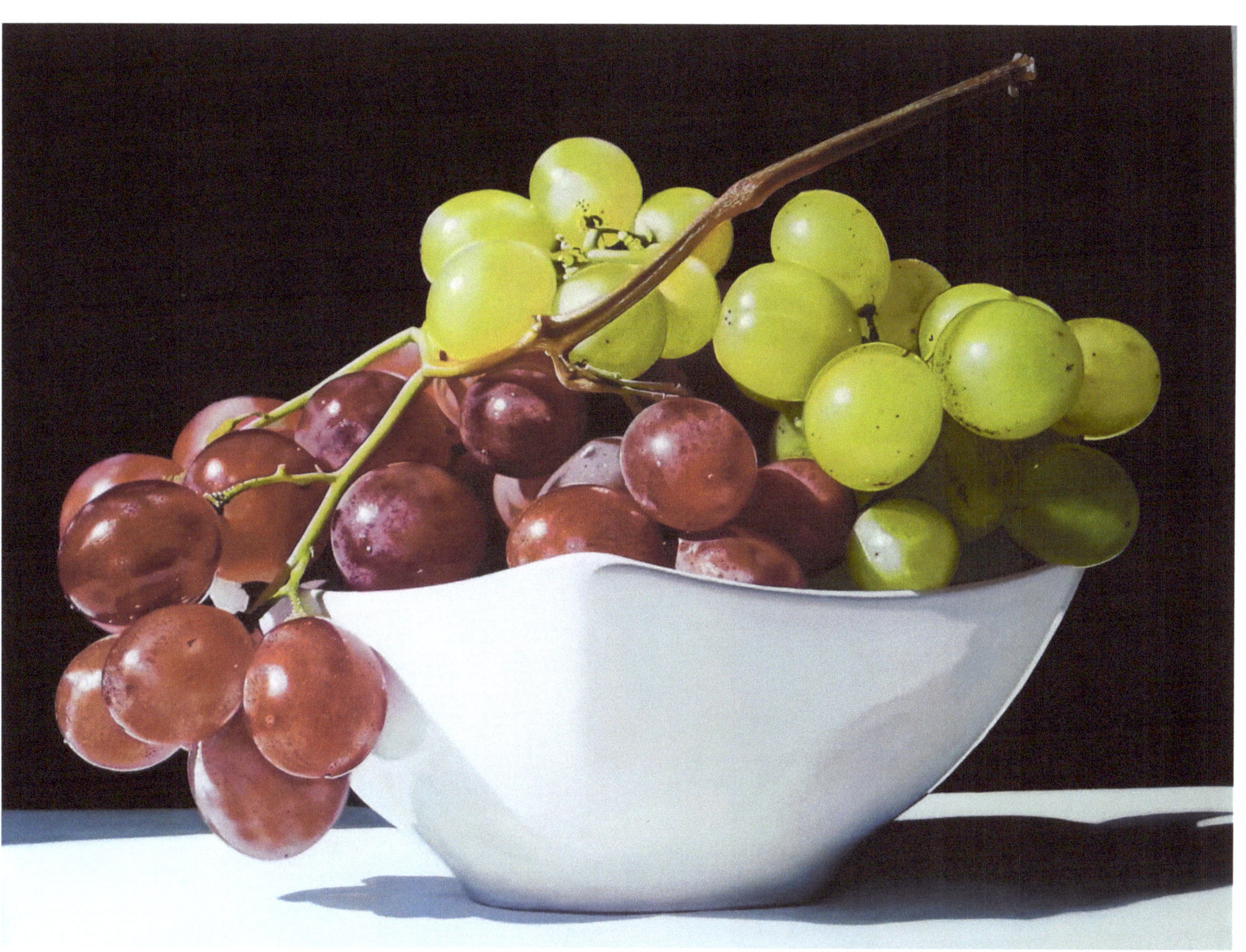

Uva, olio su tela, cm 50x60

siano.paola@gmail.com

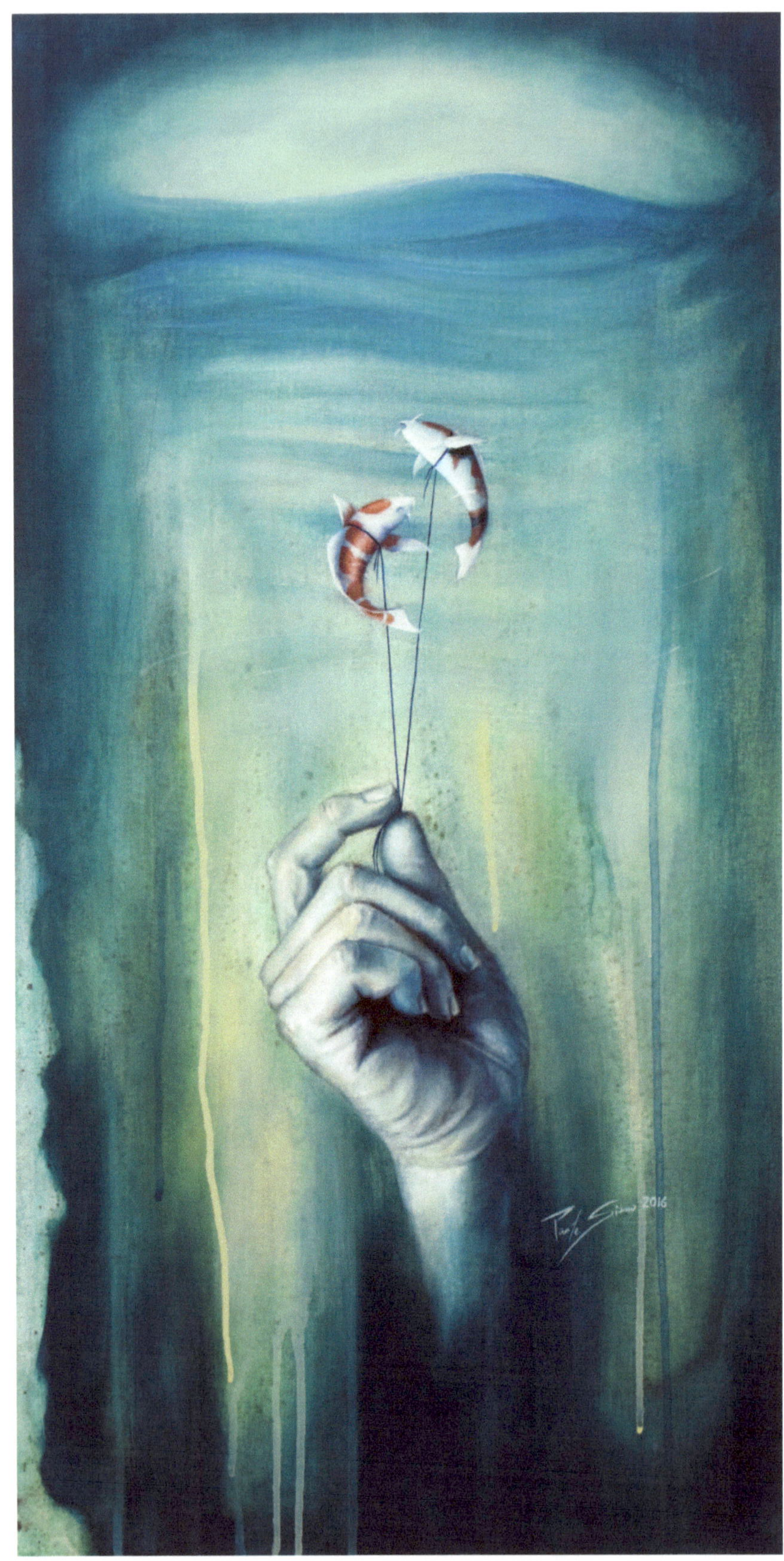

Carpe diem, tecnica mista su tela, cm 40x80

Federica SOLLA

federicasolla@gmail.com

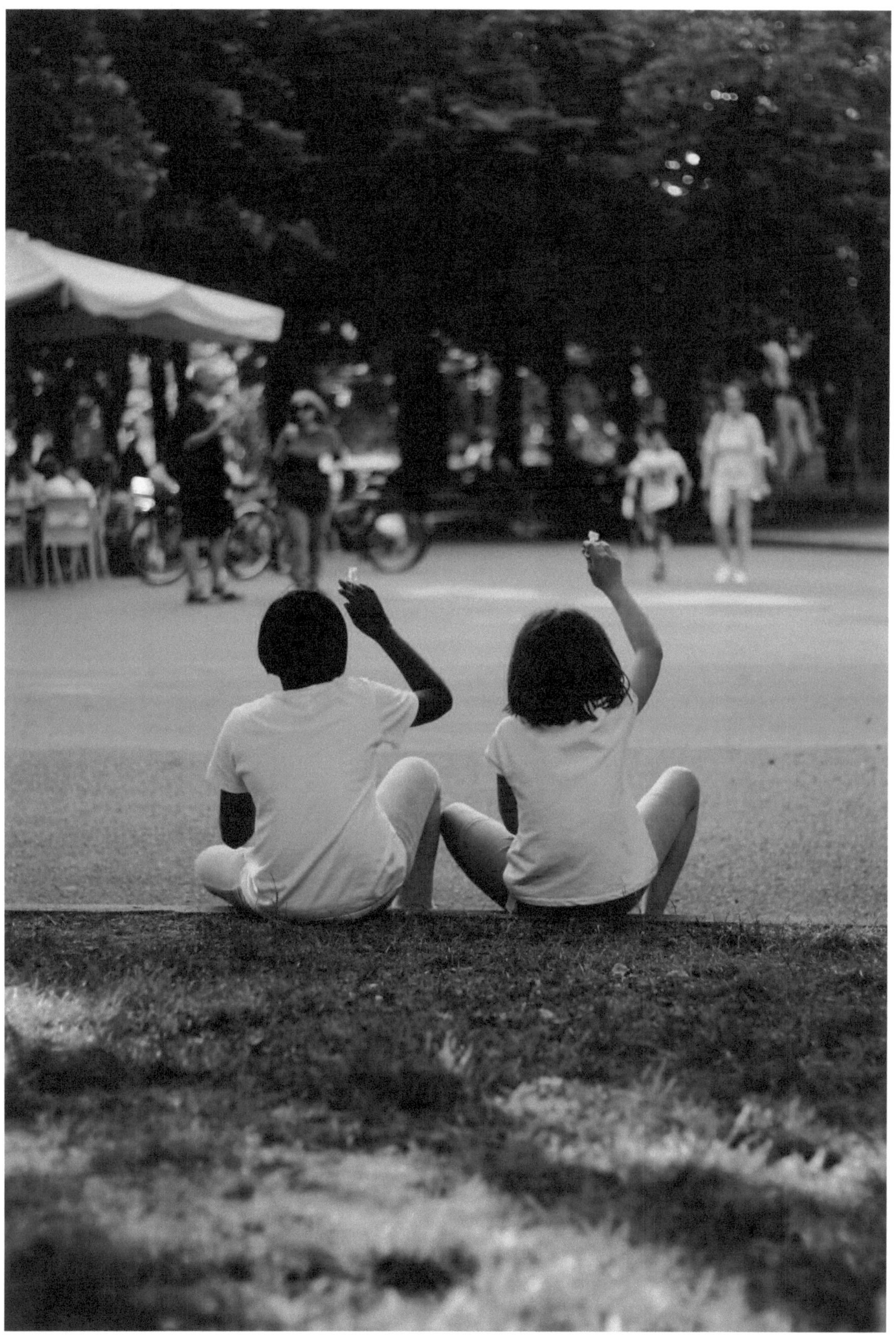

Serie Rivoluzioni Infantili, fotografia, cm 40x60

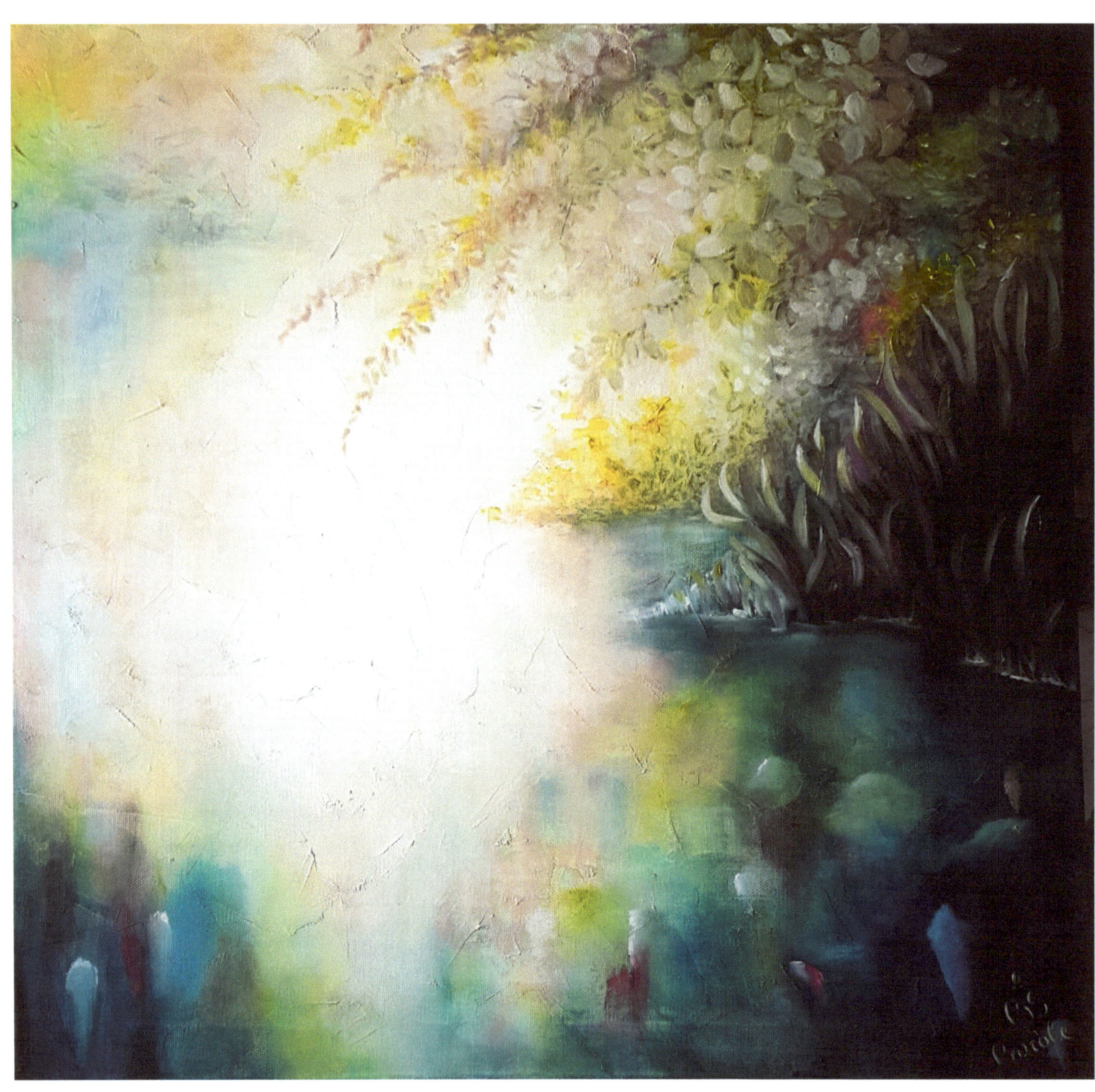

Luce tra i rami, olio su tela, cm 60x60

Michela Claudia SPINELLI

michelaclspinelli@libero.it

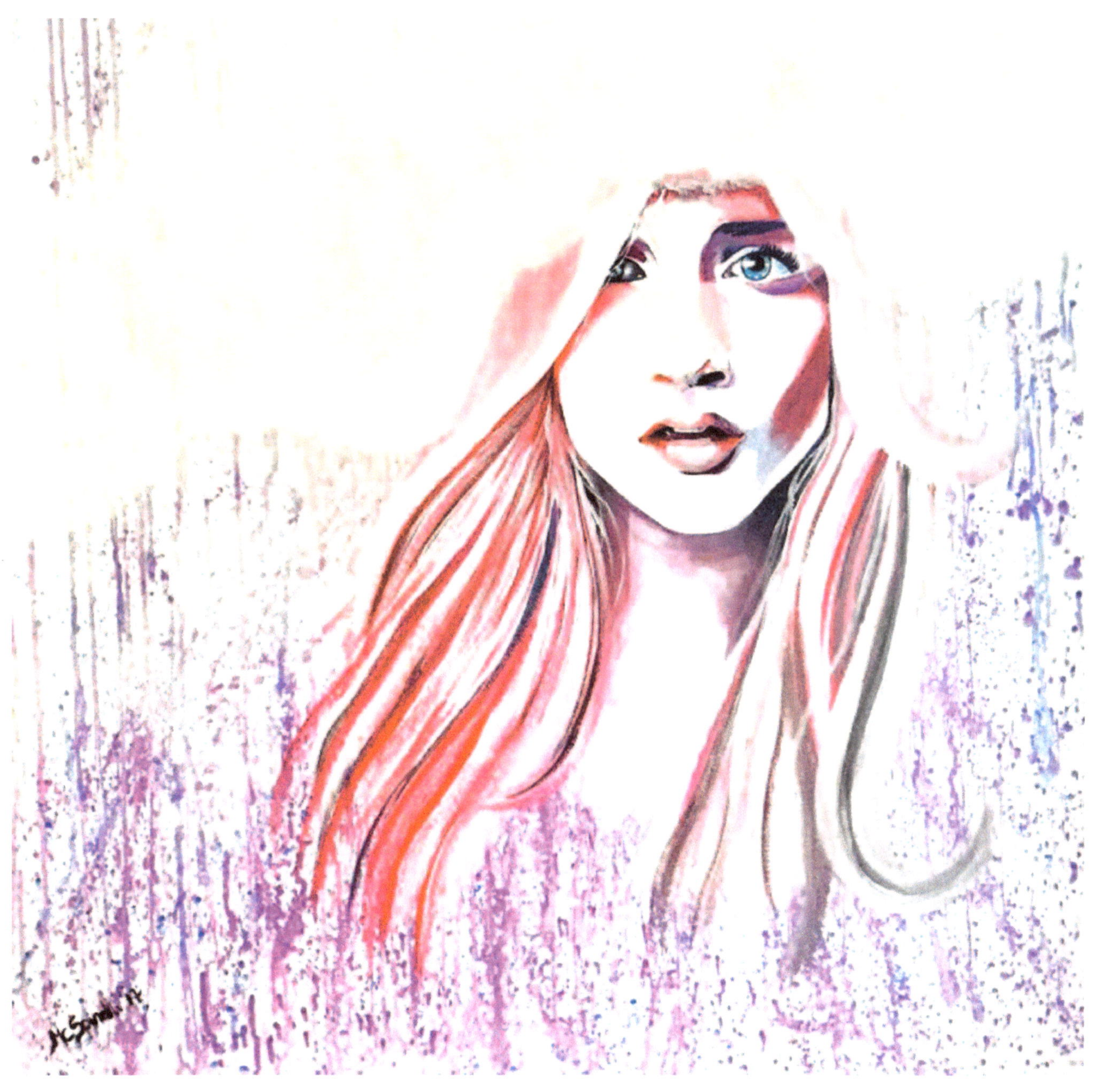

Perdersi, acrilico su tela, cm 70x70

rita.teatini@libero.it

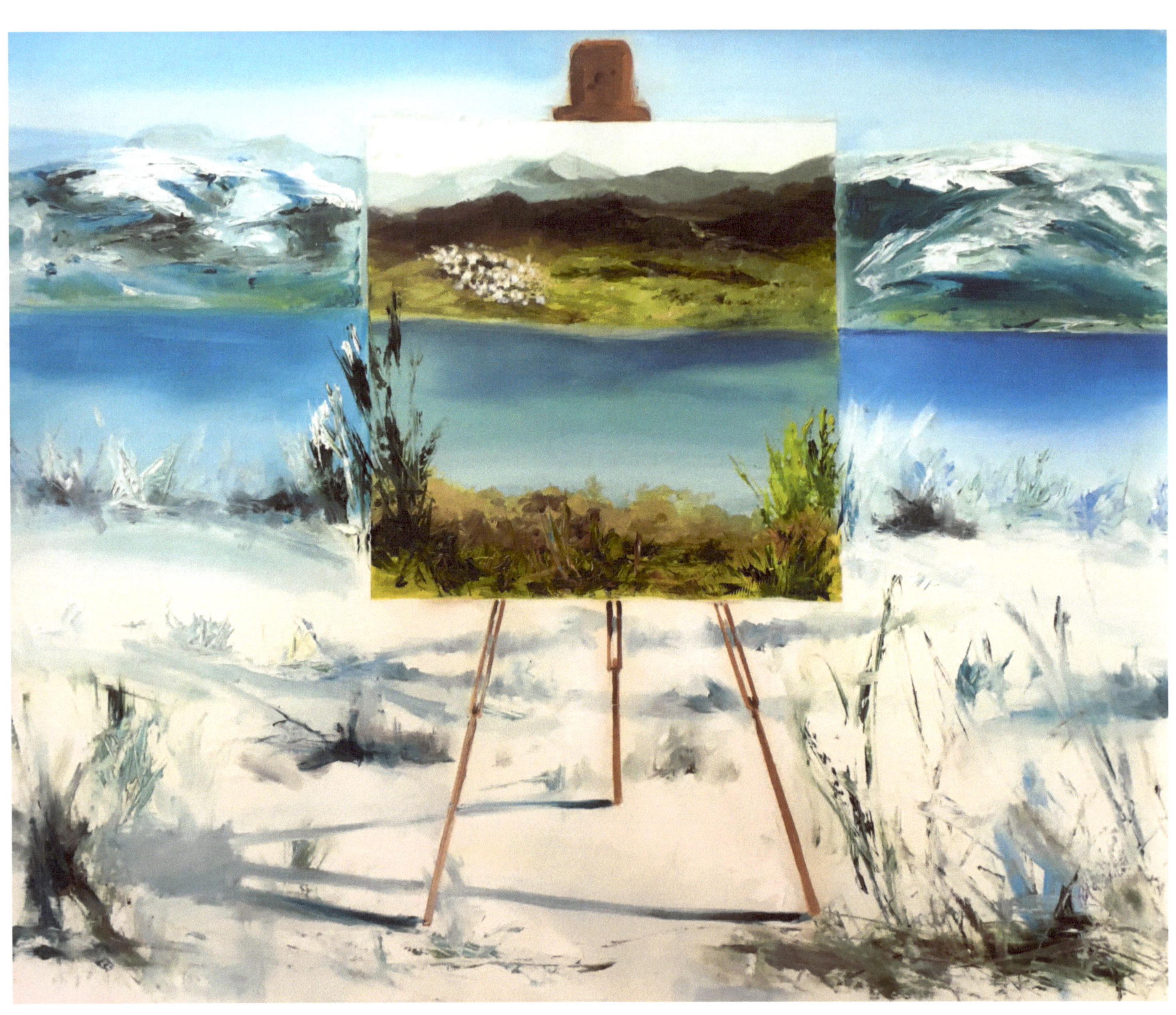

Lago di Campotosto: Visione, olio su tela, pennello e spatola, cm 79x67

arwenet@live.it

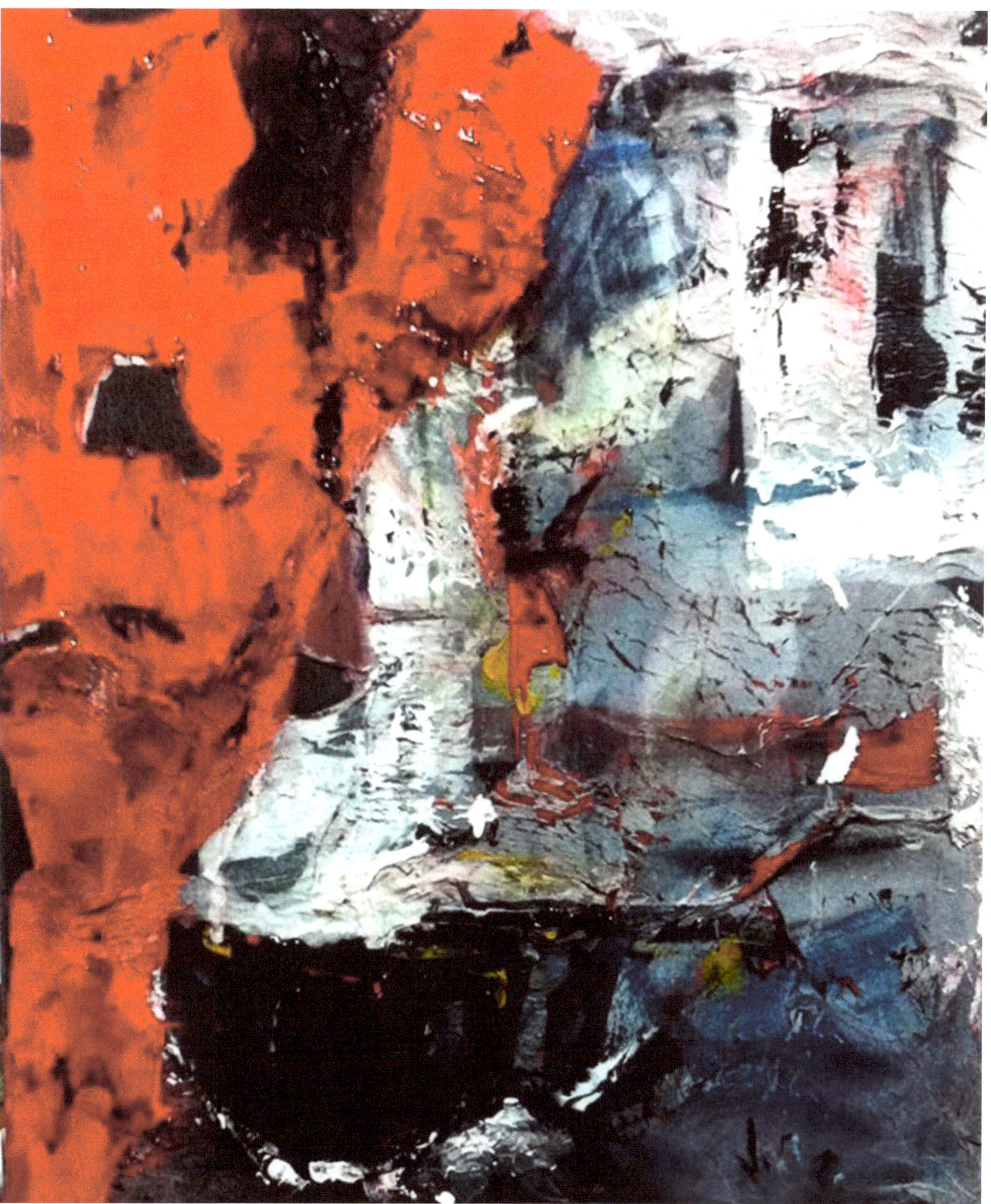

O'café, tecnica mista, acrilico, pigmento, mix carte, gessetto, cm 40x50

ftort@libero.it

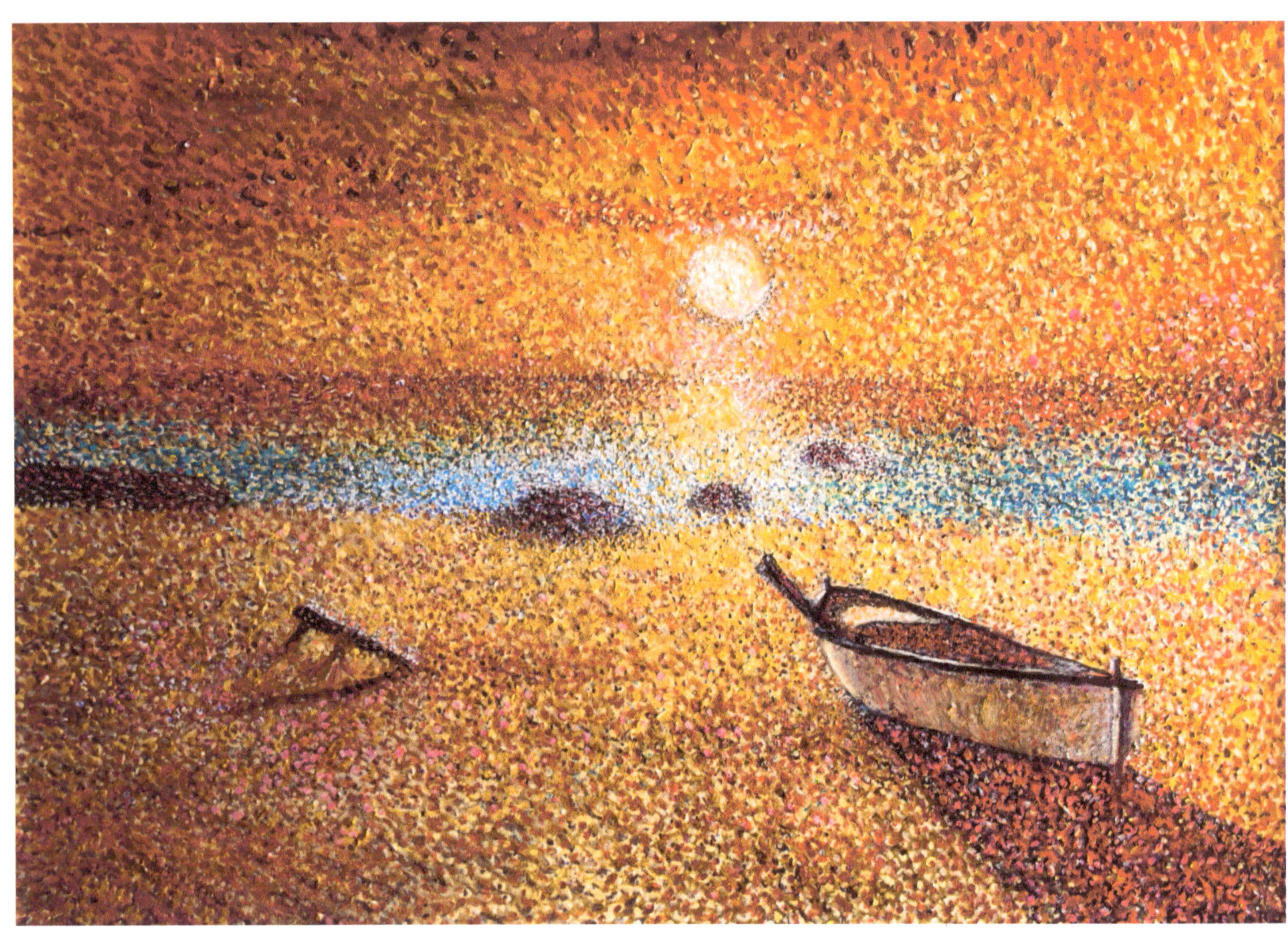

Barca sulla spiaggia, acrilico su tela, cm 68x48

Patrocinio

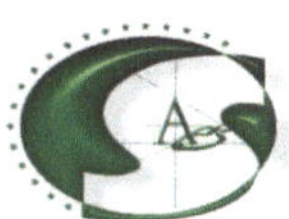

Ordine degli Architetti Pianificatori, Paesaggisti e Conservatori della Provincia di Salerno

I NOSTRI PARTNERS:

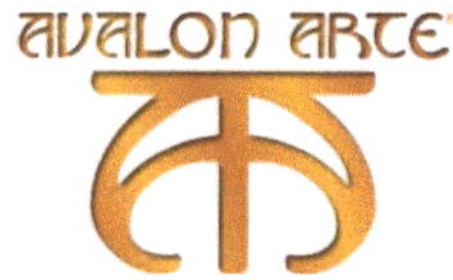

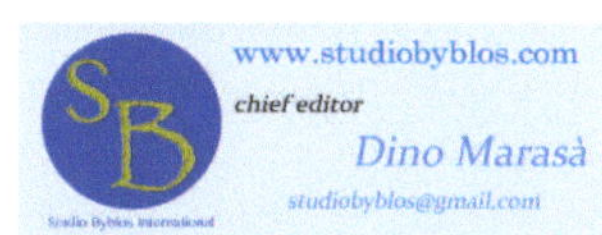

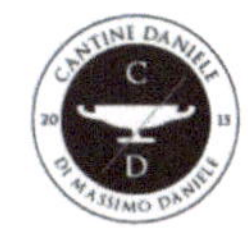

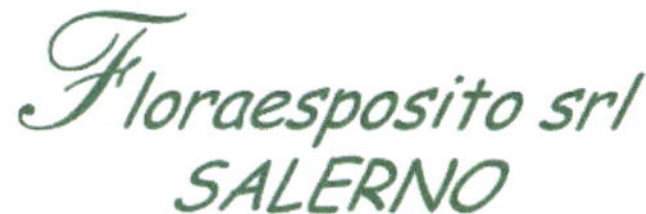

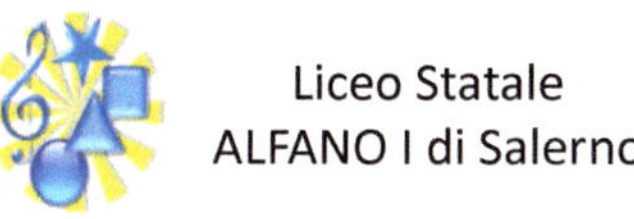

Liceo Statale
ALFANO I di Salerno

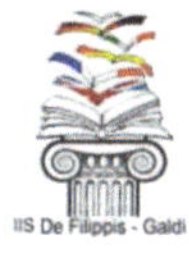

Liceo Classico
MARCO GALDI
di Cava de' Tirreni

Finito di stampare per conto dello Studio Byblos - Palermo

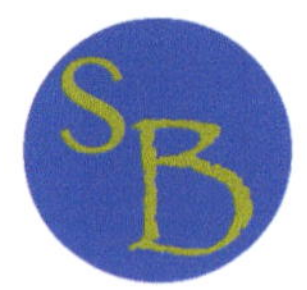

Studio Byblos
Publishing House
www.studiobyblos.com